십일조는 누구의 것인가

| 일러두기 |

- 이름과 지명들은 국립국어원 외래어 표기법을 원칙으로 하되 기독교인에게 익숙한 용어는 영어식 표기법을 따랐다.
- 한글 《성경》은 '개역개정판'을 따랐다. 그 외 버전은 본문에 표기하였다.
- 이 책의 이미지는 《청소년 서양철학사》, 《이스라엘 12지파 탐사리포트》(평단문화사)에서 인용하였다.
- 이 책은 《십일조를 넘어서》(아침바다)의 개정판임을 밝힌다.

십일조는 누구의 것인가

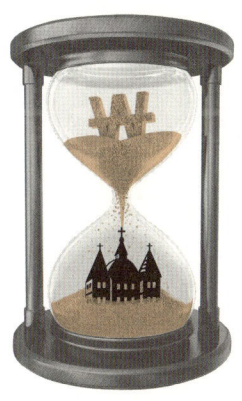

· 조성기 지음 ·

평단

"목회자는 돈과 여자와 검약儉約에 모범을 보여야 합니다.
그리고 예수의 삶을 따라 사는 목자라면 가난해야 합니다.
일부 대도시 교회 목사의 호화스러운 생활은 잘못된 것입니다."

| 《기독교 죄악사》의 고故 **한경직 목사** 어록 중에서 |

"만군의 여호와가 이르노라 너희의 온전한 십일조를 창고에 들여 나의 집에 양식이 있게 하고 그것으로 나를 시험하여 내가 하늘 문을 열고 너희에게 복을 쌓을 곳이 없도록 붓지 아니하나 보라"

- 말라기 3장 10절

"주라 그리하면 너희에게 줄 것이니 곧 후히 되어 누르고 흔들어 넘치도록 하여 너희에게 안겨 주리라 너희가 헤아리는 그 헤아림으로 너희도 헤아림을 도로 받을 것이니라"

- 누가복음 6장 38절

"그리스도께서 우리를 자유롭게 하려고 자유를 주셨으니 그러므로 굳건하게 서서 다시는 종의 멍에를 메지 말라"

- 갈라디아서 5장 1절

"우리 그리스도인들은 (율법으로부터) 해방을 얻은 자들로서 이제 주님을 위하여 (십일조가 아니라) 우리의 모든 소유를 구별하여 떼어놓습니다. 그리고 상당한 분량을 기쁜 마음으로 자유롭게 연보로 드립니다."

- 이레나이오스 Irenaeos(이레니우스), 초대교회 교부

| 프롤로그 |

자유로운 연보로
교회 재정을 넘치게 하라

아래의 글은 얼마 전 어느 목사님에게 보낸 서신 내용입니다.

"보내주신 글 잘 읽었습니다.
한국교회에 대한 상한 심정과 염려에 깊이 동감하는 바입니다.
다만 신문기사만 읽고 내 책을 읽지 않은 채 쓰신 글 같아 서운한 점이 있었습니다.
신문기사는 원래 제목부터 자극적인 면이 있지요.

이 책은 성경의 십일조 유래와 변천사를 다루고 성경에서 말하는 십일조와 한국교회에서 강조하는 십일조를 비교해보도록 했습니다.
예수님의 십일조에 관한 말씀은 성전 제도가 현존하던 시대에 바리새인들에게 주신 한시적인 말씀이지 제자들에게 주신 말씀이 아닙니다.

바울 당시의 초대교회에서 십일조를 거두었다는 것은 말이 되지 않습니다. 왜냐하면 그 무렵은 성전이 엄연히 존재했기 때문에 유대인들은 십일조를 성전에 바치지 교회에 바칠 리는 없었기 때문입니다.

이방인을 중심한 초대교회도 마찬가지입니다. 그래서 바울의 서신 어디에도 십일조에 대한 언급이 없고 흉년으로 어려워진 예루살렘 교회를 도울 때도 십일조 개념을 이용하지 않고 자유로운 연보 개념을 활용했습니다.

그런 논의는 차치하고라도 무엇보다 십일조를 넘어 전적인 헌신으로 들어가야 하는 점을 이 책에서 강조하고 있습니다.

이제는 〈말라기〉 3장 10절을 강조하기보다 〈누가복음〉 6장 38절의 헌신과 축복을 강조하자는 내용입니다. 〈누가복음〉 6장 38절은 십일조 개념을 포괄하고 있는 차원 높은 말씀입니다.

"주라 그리하면 너희에게 줄 것이니 곧 후히 되어 누르고 흔들어 넘치도록 하여 너희에게 안겨주리라."

헌금 문제도 바울의 연보 개념을 충분히 활용하자고 제안했기 때문에 그리 염려하지 않아도 될 것입니다.

　오히려 십일조 문제로 오랜 세월 막연한 죄책감에 시달리는 교인들을 자유롭게 하고 넘치는 연보로 교회 재정을 도울 것이라 확신하고, 실제로 저는 그러한 목회를 하고 있습니다.

　또한 십일조에 대한 부담으로 교회에 오기를 꺼리는 불신자들에게 전도의 문을 활짝 열어놓아 먼 장래를 볼 때 교회의 쇠퇴와 타락을 극복하고 성장과 발전에 도움이 될 것이라 믿습니다.

　신학교 동문이자 유명한 신학대학 교수로 있는 목사님은 이 책을 읽고 이전에 가지고 있던 십일조 개념이 전적으로 바뀌었다고 하면서 그동안 십일조를 내지 않는 교인들을 판단하고 있었던 점을 회개하게 되었다고 편지를 보내왔습니다.

　지난 오순절 기간에는 서울에서 교회 공동체 목회를 하고 있는 목사님이 전 교인 대상 신앙수련회 교재로 이 책을 단체로 구입하여 활용했다고 소식을 전해오기도 했습니다. 아마도 신앙적으로 유익한 점이 있어서 그랬을 것으로 생각됩니다.

　목사님의 사역에 주의 은총이 넘치기를 기원합니다."

　좀 자극적인 책 제목《십일조는 없다》로 말미암아 독자들이 책에 대한 편견을 가지는 것 같다는 출판사의 의견을 받아들여 이번에 재출간을 할 때는 《십일조는 누구의 것인가》로 제목을 바꾸는 데 동의하게 되었습니다.

십일조에 대한 문제의식을 가진 교우들과 십일조 문제로 고민하는 교우들에게 도움이 되는 책이 되었으면 좋겠습니다. 또한 그런 교우들을 섬기는 목회자들에게도 유익한 지침이 되었으면 하는 바람입니다.

출판계의 어려운 사정에도 불구하고 재출간을 결정한 평단 출판사에 감사드리며 더욱 왕성한 활동과 보람된 열매가 있기를 기원합니다.

관악산 기슭에서
조성기

"진리를 알지니 진리가 너희를 자유롭게 하리라"

| 요한복음 8:32 |

| 차례 |

프롤로그 ··· 006

1부 ─ 십일조, 신앙의 척도가 아니다

1 ▸ 십일조 없이는 구원 없다? ··· 017
한국교회에 스며든 일반적인 십일조관 ··· 017
한국교회의 십일조에 대한 안팎의 문제 제기들 ··· 020

2 ▸ 십일조는 성경에만 있다? ··· 025
십일조의 역사적 유래 ··· 026
십일조의 성경적 유래 ··· 033
토지 분배와 십일조 ··· 042
Tip – 고대 세계의 조세제도 ··· 045

3 ▸ 십일조는 돈으로 낸다? ··· 047
십일조는 토지소산과 가축이다 ··· 048
십일조는 음식이다 ··· 052
Tip – 성경적 토지제도 ··· 057

2부 — 십일조라 쓰고, 타락이라 읽는다

4 ▸ 십일조를 도둑질하는 제사장들 ⋯ 061
모세 율법 이후의 십일조 ⋯ 062
십일조와 헌물을 훔치는 제사장들 ⋯ 069
말라기와 느헤미야의 고발 ⋯ 082
십일조시대는 지났다 ⋯ 095
Tip - 이스라엘의 희년제도 ⋯ 107

5 ▸ 십일조를 자랑하는 바리새인들 ⋯ 109
예수 시대의 세금과 십일조 ⋯ 109
바리새인들의 십일조 ⋯ 114
목회자들이 오용하는 십일조 ⋯ 118
예수께서 원하시는 예물 ⋯ 126
Tip - 바리새인들과 율법주의 ⋯ 131

6 ▸ 십일조로 장사하는 교회들 ⋯ 133
초대교회 시대 ⋯ 134
로마제국 교회시대와 중세시대 ⋯ 136
종교개혁 이후의 십일조 ⋯ 140
Tip - 중세 이후의 십일조 변천 ⋯ 151

3부 — 하나님이냐, 맘몬이냐

7 ▸ 십일조는 없다! ··· 155
　'모든' 소득의 십일조는 없다 ··· 155
　십일조는 그리스도인과 상관없다 ··· 168
　십일조는 완전히 폐지되었다 ··· 178
　　Tip – 탈무드의 십일조 ··· 193

8 ▸ 맘몬에 물든 한국교회 ··· 195
　교회의 불투명한 재정관리 ··· 196
　목회자들의 공금 횡령 ··· 199
　부흥회의 변질과 목회자들의 돈 잔치 ··· 203
　　Tip – '한국교회 재정운용 실태조사' ··· 207

9 ▸ 십일조가 아니라 십자가를! ··· 209
　연보란 무엇인가 ··· 210
　연보를 드리는 교회들 ··· 228
　　Tip – 초기 한국교회의 연보, 성미 ··· 233

에필로그 ··· 234

• 안토니우스와 바울 •
예수 그리스도의 복음으로 자유를 얻었다는 사실을 망각한 안토니우스처럼, 당신도 그러할 것인가?

| 1부 |

십일조,
신앙의 척도가 아니다

✢

"구약성경의 십일조는 이스라엘이 하나님의 신정 왕국에 속해 있었기 때문에
의무적이었으나, 신약시대에는 예수 그리스도를 통해
구약성경의 예언이 성취되었으므로 더 이상 의무적이 아니다."

| 박윤선 박사 |

✢

Chapter 1

십일조 없이는 구원 없다?

세계에서 한국교회만큼 십일조를 강조하는 교회도 드물 것이다. 교회 정문에 십일조 축복을 강조하는 〈말라기〉 3장 10절을 플래카드로 만들어 걸어놓을 정도이다. 한국교회에서 십일조가 강조된 계기와 신자들이 십일조에 대해 어떤 고정관념들을 가지고 있는지, 그와 관련된 문제점들은 무엇인지 우선 살펴보고자 한다.

한국교회에 스며든 일반적인 십일조관

미국 북장로회 선교사 언더우드Underwood 부부와 북감리회 선교사

● **체푸**: 중국 산동 성 북부 해안도시의 옛 지명. 이곳은 19세기 후반에 영국·미국·일본 등 8개국이 중국을 침략하는 근거지로 삼았던, 개항 도시의 외국인 거주지다. 서구에서는 체푸로 알려졌다. 오늘날에는 산동 성 최대의 어업기지와 탄탄한 경제 중심지로 당당히 자리 잡고 있다.

아펜젤러Appenzeller 부부가 1885년 4월 5일 인천 제물포항을 거쳐 조선 땅에 첫발을 들여놓음으로써 한국 개신교 선교가 시작되었다는 것은 주지의 사실이다.

그 이후 선교사들이 조선 땅으로 들어오기 시작했는데 그들 대부분은 신학교를 갓 졸업한 열의에 찬 이삼십대 젊은이들이었다. 인생 경험이나 해외 선교 경험이 별로 없었던 이들은 선교부 소속 선교사들과의 관계, 현지 조선인들과의 관계 등에서 많은 시행착오와 갈등을 겪었다. 그리하여 선교사들은 본국 선교부에 도움을 청하였고, 선교부는 당시 중국 체푸Chefoo(현재의 옌타이烟臺)에서 사역하던 네비우스John L. Nevius를 서울로 파송했다. 이미 1855년에 《선교 방법론》을 발표하여 큰 호응을 받았던 그는 서울에 2주간 머물면서 선교사들에게 선교정책과 관련하여 길라잡이 역할을 해주었다.

여기서 소위 '네비우스 선교 원칙'이 태동하게 된 것이다. 그 원칙의 대강은 '독립적이고 자립적이며 진취적인 토착교회 형성'이었다. 그러한 목적을 위하여 '3자三自 운동', 즉 자진전도, 자력운영, 자주치리가 적극적으로 장려되었다.

자력운영을 위해서는 무엇보다 토착인 목회자가 자립하는 것이 필요했다. 선교부는 토착인 목회자가 선교부의 재정적 도움을 받지 않고 교인들의 헌금으로 생활비 지원을 받도록 했다. 교회 건축비 역시 교인들이 부담하도록 했다.

미국 남장로회, 캐나다 장로회, 호주 장로회도 이 방식을 그대로 채택함으로써, 이것은 한국 장로교회의 보편적 선교 정책이 되었다. 그 이후 감리교, 성결교, 침례교 등 타교파 선교부도 이 정책을 받아들였다. 십일조는 바로 이러한 자력운영의 방침과 관련하여 강조되기 시작했다.

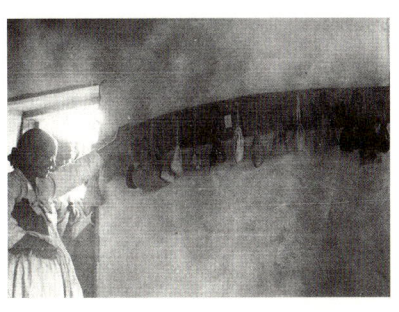

1907년 영적 대부흥 이후 신자들의 수가 급속히 늘어나면서 교회 건물들도 확장되고 목회자들도 대거 투입되었다. 자발적인 헌금이 쇄도했고 성미誠米 십일조를 비롯하여 각종 십일조가 드려졌다. 미국 북장로교의 블레어 Herbert E. Blair 목사는《한국의 청지기직》1938과《바울: 기독교 재정관리자》1937년 같은 책들을 통해 십일조의 신학적 기초를 놓았다. 그는 청지기 운동과 십일조 헌금의 연관성을 밝히려고 했다.

식민지 시절과 남북 분단, 한국 전쟁을 겪으면서 사람들은 영적으로 더욱 갈급해졌고 심령대부흥회들이 각처에서 열렸다. 부흥회 주제는 초기와는 달리 경제적인 궁핍을 어떻게 벗어나느냐에 맞춰졌고 그 비결로 십일조를 하면 복 받는다는 〈말라기〉 3장 10절이 그럴듯한 신앙 간증과 함께 금과옥조처럼 제시되었다.

《성경》에서 인용된 말씀이기 때문에 신자들은 거역할 수 없

성미 십일조: 한국 기독교 초기 때는 생활이 매우 빈약했다. 그래서 일 년 양식과 땔나무만 있으면 부잣집이었다. 쌀이 물가의 표준이었던 그때 믿음의 선조들은 부뚜막 자그마한 항아리에 쌀이나 보리를 가족 수대로 한 숟가락씩 넣어 주일이면 성미 주머니에 담아 교회 안 벽에 걸어두곤 했다. 이것으로 어려웠던 목회자들의 양식이 되었고, 절기 때 모든 신자가 떡을 하여 잔치하기도 했다. 이는 어렵고 힘든 시기를 더불어 극복하려는 아름다운 모습이었다. 하지만 시대가 변하면서 그 의미가 퇴색되었고, 남녀가 직장생활을 하면서 교회에는 각종 헌금이 생겨나면서 그 헌금들의 사용처가 불분명해지고 있다.

● 한국교회 강단에서 흔히 들을 수 있는 말이 있다. "십일조를 바로 내라", "십일조를 하지 않는 것은 하나님의 것을 도둑질 하는 것이다", "십일조 하지 않으면 직분 받을 생각하지 마라", "십일조를 내지 않는 신자는 구원받지 못한다" 등이다. 이러한 언사들은 정말 레디칼한 표현으로서 영혼을 사랑하는 목회자가 해서는 안 되는 말이다. 목회자들도 분명히 십일조는 구원받는 일과는 전혀 관계가 없다는 것을 잘 알 것이다. 더구나 다니는 교회에 십일조를 내지 않고 다른 곳에 기부한다고 하여 구원받지 못한다고 하는 것은 성경적인 진리와는 거리가 멀어도 한참 먼 것이다.

는 하나님의 절대적인 명령으로 받아들여 십일조 헌금 봉투를 만들어가면서까지 '온전한 십일조'를 하려고 노력했다. 하지만 여러 방면의 수입에서 과연 온전히 십일조를 떼어 드리고 있는지, 목회자들이 자주 말하듯이 혹시 십일조를 도둑질하고 있지 않은지 은근히 죄책감에 시달리는 신자도 많았다.

1960년대 오순절파의 일종인 순복음 교단이 한국에서 세력을 얻으면서 십일조는 더욱 강조되기 시작했다. 신유와 기적, 계시들이 나타나는 분위기 속에서 선포되는 십일조 말씀은 한층 절대적인 권위를 지니게 되었다.

교회가 확장되면 될수록 십일조는 가장 중요한 교회의 수입원이 되었다. 한국교회 신자들은 당연히 십일조 헌금을 해야 하는 것으로 교육되고 훈련되었다. 심한 경우는 십일조를 하지 않는 신자는 참된 신자가 될 수 없으며 참된 신자가 되지 않으면 구원도 없다˙는 식으로 교육받기에 이르렀다.

한국교회의 십일조에 대한 안팎의 문제 제기들

십일조가 신자의 거역할 수 없는 의무로 되어 있는 한국교회에서도 일찍이 성경학자들 간에는 십일조에 관한 논란들이 전개되었다.

한국의 대표적인 성서주석가로 꼽히는 박윤선 박사는 구약성경의 십일조는 이스라엘이 하나님의 신정 왕국에 속해 있었기 때문에 의무적이었으나, 신약시대에는 더 이상 의무적이 아니라고 보았다. 이미 예수 그리스도를 통해 구약성경의 예언이 성취되었으므로, 십일조를 교리화하거나 제도화해서는 안 된다고 했다. 하지만 그는 자발적인 십일조는 권장하였다. 한경직 목사도 이러한 주장에 동조했다.

한신대 교수를 지낸 전경연은 한 걸음 더 나아가 십일조는 신약시대에 폐지되었기 때문에 전혀 지킬 필요가 없다고 주장했다.

아르헨티나 교민회장을 지내고 그곳에서 교회들을 개척한 박민홍 장로는 《십일조의 혁명》이란 책을 통해 기독교인들이 십일조를 하지 말아야 하는 일곱 가지 이유를 제시했다. 그는 십일조 규정이 교회를 타락하게 하는 중요한 요소 중 하나라고까지 주장했다.

한편, 전前 연세대학교 총장이었던 송자 교수는 십일조법이 고대의 농업사회에 근거한 것으로 산업사회에는 적합하지 않다고 했다.

반면에 전 총신대 총장이었던 김의환 교수는 십일조는 구약성경에서만 유효했던 것이 아니라 신약시대에서도 적법하게 준수되어야 한다고 주장하였다. 일반교회의 목사들은 대부분 이러한 주장을 견지하는 편이다.

구약성경의 문서설에 정통한 문희석 교수는 일반교회의 목사들

● 문서설 : 1753년 프랑스의 의사였던 평신도 장 아스트룩Jean Astruc이 《창세기》의 기록에서 하나님의 명칭이 때로는 '엘로힘'으로, 때로는 '야훼'로 되어 있는 점을 보고 처음 주장한 '가설'이다. 구약의 모세오경은 연대순으로 보면 J(여호와 혹은 야훼) 문서, E(엘로힘) 문서, D(신명기) 문서, P(제사) 문서로 구성되어 있다는 설이다. 이 가설은 시대의 흐름에 따라 변화하여 왔다. J문서는 모세오경 중 가장 오래된 것으로 BC 10~9세기에 속한다고 주장한다.

과는 다른 신학 노선을 견지하면서도 십일조를 제정한 신명기법이 구속사적 중요성을 갖고 있기 때문에 십일조법 역시 여전히 유효하다고 했다.

신자들은 이러한 십일조에 관한 성경학자들 간의 논쟁을 접하면서 십일조에 대한 고정관념을 바꾸는 계기를 갖기도 한다. 하지만 현재 속해 있는 교회의 전통과 마찰을 일으켜야만 하므로 속으로 고민만 하는 경우가 많다.

무엇보다 현실적으로 교회 십일조와 헌금이 쓰이는 용도에 대해 회의를 품게 됨으로써 십일조에 대한 문제를 제기하지 않을 수 없게 된다. 십일조는 어디에, 누구에게 내야 하는가? 십일조는 어디에 쓰여야 하는가?

물론 일반교회 목사들은 대부분 출석교회에 십일조를 내야 한다고 주장한다. 신자가 임의로 십일조를 다른 데 기부하는 행위는 공개적으로 또는 암묵적으로 금지된다. 박윤선 박사는 출석교회와는 상관없이 십일조가 필요한 곳으로 보내야 한다고 주장했다가 교단으로부터 수모를 당하기도 했다.

그리고 십일조는 구제뿐만 아니라 목회자 생활비나 교회 건축비, 교회 운영비로 쓰여도 상관이 없다는 것이 일반적인 교회 관행이다. 어느 교회는 교회 건축에 돈이 많이 들어가서 큰 빚을 질 지경이 되었으니 1월에 일 년 치 십일조를 한꺼번에 내어주시면 감사하겠다는 광고를 하기도 했다. 그러면 건축헌금과 십일조가 무엇이 다른지 문제 제기를 할 수 있다.

또한 십일조 헌금 이외에 주일 헌금, 수많은 각종 감사헌금 봉투를 볼 때에 과연 십일조의 의미가 무엇인지 회의하지 않을 수 없다.

▌**정교회** : 4세기 무렵부터 콘스탄티노플을 중심으로 발전한 그리스도교의 한 종파. 사도교회를 계승했으며, 독특한 전례, 지역 교회들의 독자성 등을 특색으로 한다. 주로 그리스와 러시아 지역에 분포되어 있으며, 지역별로 독립적인 정교회가 별도로 존재한다.

글로벌 시대에 세계의 교회 소식을 들으니, 거의 모든 나라의 교회에서 이미 십일조 헌금 제도가 사라졌다고 한다. 그럼에도 유독 한국교회에서는 여전히 십일조가 강조되고 있는 현상을 어떻게 설명할 것인가 따져보게 된다. 물론 미국의 남침례교파나 오순절파, 필리핀 일부 교회 등에서는 십일조가 여전히 강조되고 있지만, 전 세계의 가톨릭, 동방정교회를 비롯한 각 지역의 정교회, 유럽과 남미, 아시아, 중동, 중미, 아프리카의 개신교 교회들에서는 대부분 십일조가 사라진 지 오래다. 구약성경의 율법을 중요시하는 여호와증인 교단에서도 최근에 십일조를 폐지한 실정이다.

그러나 일반교회에서는 십일조에 대해서 근원부터 자세히 가르쳐주지 않고 기복적인 차원에서 축복과 저주를 선택하라는 식으로 강조할 뿐이다.

"십일조는 고대 근동 지역을 비롯한 여러 나라에서 세금을 거두거나,
강대국에 공물을 바치거나,
자신이 숭배하는 대상에 대하여 존경을 표시하는 관습이었다."

Chapter 2

십일조는 성경에만 있다?

십일조Tithe는 히브리어로 '마아세르מעשר'라고 하는데, 이는 '아사르עשר', 즉 십분의 일을 바친다는 동사에서 나온 말이다.

십일조는 원래 고대 근동 지역을 비롯한 여러 나라에서 세금을 거둔다든지, 강대국에 공물을 바친다든지, 자신이 숭배하는 대상에 대하여 존경을 표시할 때 쓰이던 관습이었다. 그래서 우상숭배자들도 우상에게 십일조 내지는 십이조를 바치는 습관이 있었다.

요즈음처럼 세법이 발달하지 않은 고대에는 10분의 1세, 5분의 1세, 2분의 1세 하는 식으로 세금을 계산했다. 특히 강대국이 약소국을 점령하였을 때 어떤 생산물에 대하여 2분의 1세를 실시함으로써 약소국 백성에게 큰 고통을 안겨주기도 했다.

그런데 십일조라 해도 정확하게 10분의 1을 가리키는 것은 아니었고, 다소 유동성이 있어 10분의 1에 조금 못 미치기도 하고 10분의 1을 조금 넘기도 했다. 특히 곡물과 같은 토지소산에 십일조를 적용할 때 소산물의 특성상 정확하게 10분의 1을 뗀다는 것은 불가능했으므로, 기준 도량형에 의하여 대강 10분의 1을 떼었다고 할 수 있다.

그러므로 소위 '온전한' 십일조라는 것은 처음부터 있을 수도 없었고 그렇게 요구된 바도 없었다. 〈말라기〉 3장 10절에서 말하는 '온전한' 십일조는 수치나 분량과는 관계가 없는 다른 의미의 십일조임을 나중에 밝히게 될 것이다.

십일조의 역사적 유래

한국에 아직 번역본이 출간되지 않은 《종교와 윤리 대백과사전 Encyclopedia of Religion and Ethics》(제임스 헤이스팅스 James Hastings 편집, Scribners)에 따르면, 고고학 발굴에서 많은 서판 유물이 출토되었는데, 이 서판에는 일찍이 바벨론 사람들이 신전에 십일조를 바친 내용이 기록되어 있었다. 그 서판들은 십일조를 냈다는 것을 증명해 주는 일종의 십일조 영수증이라 할 수 있다. 십일조 품목은 주로 옥수수, 기름, 참깨, 대추야자, 밀가루, 소, 양, 당나귀 등이었다. 때때로 한 사람이 집단을 대표하여 십일조를 낸 것으로 보아 지역마다 십일조를 거두는 조직적인 체제가 갖추어져 있었음을 알 수 있다.

아라비아 남부에서도 성스러운 기념물을 세우기 위해 십일조를 바친 기록이 출토되었고, 그리스와 로마에서도 자기들의 신을 위하여 십일조를 바치는 것은 상식에 속하는 일이었다. 그리스와 로마의 군인들은 전리품의 십일조를 제우스Zeus에게 바치기도 했다.

이집트에서도 왕들이 전쟁에서 이기고 돌아오면 전리품의 십일조를 신전에 바쳤다. 그 전리품에는 노예로 부리려고 끌고 온 포로들도 포함되어 있었다. 조로아스터교Zoroaster敎에서도 모든 인간은 제사장들과 왕에게 십일조를 바칠 의무가 있다고 했다.

중국 고전 역시 토지소산의 십일조에 관해 언급하고 있다. 필자가 살펴본 바로는 《맹자》에도 십일조라는 말이 나온다.

"대영지戴盈之(송나라의 대부)가 말하기를 '**십일조** 세법을 실시하고 관

▎조로아스터 : 조로아스터(자라투스트라 Zarathustra, ?BC 628 ~?BC 551)는 고대 페르시아의 종교가이며 조로아스터교의 창시자다. 조로아스터 교도들은 하나의 보편적이고 초월적인 신 아후라마즈다Ahura Mazda만이 존재한다고 믿는다. 그는 종국적으로는 모든 예배가 지향하는 창조되지 않은 창조자로 일컬어진다. 이 종교는 선한 생각, 선한 언어와 선한 행위를 통해 인생에 적극적으로 참여하는 것은 행복을 보장하고 혼란을 막기 위해 필요하다고 말하며 모든 형태의 수도원 생활을 거부한다.

● **정전법**: 고대 중국의 하夏나라·은殷나라·주周나라에서 실시한 토지 제도다. 주나라에서는 사방 1리里의 농지를 '井' 자 모양으로 100무畝씩 9등분 한 다음, 주위의 8구획은 8호戶의 집에서 각기 사전私田으로서 경작하고, 중심의 1구획은 공전公田으로서 8호가 공동으로 경작하여 그 수확을 나라에 바치게 하였다.

문과 시장에서의 징세를 폐지해버리는 것은 당장에는 시행할 수 없습니다. 그러니 조금 경감했다가 내년까지 기다린 후에 폐지하도록 하는 것이 어떻겠습니까?' 하니 맹자께서 대답했다. '여기 매일 그 이웃의 닭을 훔치는 사람이 있는데, 어떤 사람이 그에게 이르기를 그것은 군자가 할 짓이 아니오 하니, 그는 그러면 그 수효를 줄여서 한 달에 닭 한 마리씩을 훔치다가 내년까지 기다린 후에 그만두도록 하지요라고 대답했다고 합시다. 만약에 그것이 옳지 않다는 것을 안다면 당장에 빨리 그만둘 것이지, 왜 내년까지 기다리겠소.'" 《맹자》의 〈등문공장구 滕文公章句〉 하편

본문의 해설 부분을 보면, 십일조를 가리켜 '수확의 10분 1을 조세로 바치는 정전법 井田法'이라고 했다.

특히 그리스 문학과 역사서에는 십일조에 대한 언급이 많이 기록되어 있는 편이다. 일일이 다 열거할 수는 없고 필자가 헤로도토스 Herodotos 의 《역사 Historiae》에서 찾아본 실례들을 몇 가지 소개하고자 한다.

시프노스인들의 십일조

"폴리크라테스에 대항해 싸웠던 사모스인들은 스파르타군이 그들을 포기하고 철수하려 하는 것을 보자, 그들도 병력을 거두어 뱃길

시프노스 섬의 신전
: 그리스의 키클라데스 제도에 있는 섬이다. 아테네와 크레타 섬 사이에 자리 잡고 있으며, 고대 이오니아인이 집단이주해서 도시국가를 세웠다. BC 530년경 시프노스 인들도 다른 그리스의 도시국가처럼 델포이에 그들의 보물창고를 세워 자신들의 보물을 보관하였다.

로 시프노스 섬을 향해 떠났다. 그것은 그들이 군자금이 바닥났기 때문이었는데, 당시 시프노스인들은 번영의 절정에 달해 있었다. 그들이 이렇게 번영했던 이유는 섬 안에 금은 광산이 있었기 때문이다. 그들은 수많은 섬 가운데서 최대의 부강함을 자랑하여, 광산으로부터 나온 **수입의 10분의 1**을 사용하여 가장 호화로움을 자랑하는 다른 보장寶藏에 비해 조금도 손색이 없는 보장을 델포이에 헌납했을 정도였다." 헤로도토스, 《역사》, 박광순 옮김, 범우사, 1987, p. 230.

● **에우보이아** : 현재의 에보이아. 그리스에서 크레타 다음으로 큰 섬이다. 그리스 본토와 가까운 데다 아테네와에게 해를 잇는 교통의 요충지다. 북부 산악지대 광산에서 철과 동이 났고, 섬 중앙을 흐르는 하천 주변으로 비옥한 평야가 발달했다.

아테네 여신에게 바친 십일조

"같은 날 아테네군은 해협을 건너 에우보이아로 침입하여 칼키스를 공격했다. …… 이 전투에서 포로로 잡은 자들은 보이오티아Boeotia군 포로와 함께 족쇄를 채우고 감금했다. 그리고 그 후 1인당 2므나의 금을 받고 이들을 석방하고 포로들에게 채웠던 족쇄는 아크로폴리스에 걸어놓았다. 이 족쇄는 우리 시대까지 남아 신전 맞은편에 있는, 페르시아군의 방화로 온통 불타고 그을린 서쪽으로 면한 성벽에 걸려 있었다. 또한 그들은 **석방금의 10분의 1**로 청동제 사두마 전차를 만들고 이를 아테네 여신에게 봉납했다. 이 전차는 아크로폴리스의 성문(프로필라이아)으로 들어가면 바로 왼쪽에 놓여 있었는데, 여기에는 다음과 같은 명문이 새겨져 있었다.

> 아테네의 아들들, 전쟁에서 보이오티아와 칼키스족을 토벌하고
> 그들을 흑철黑鐵 족쇄에 채워 그 교만함을 징계하였도다
> 감옥은 고통이었고 몸값은 비쌌나니
> 전리품의 10분의 1을 팔라스Pallas님께 바치고자 이 전차를 봉납하는도다." 헤로도토스, 《역사》, 박광순 옮김, 범우사, 1987, p. 392.

배신자들에게 부과된 십일조

"땅과 물을 페르시아 왕에게 바친 민족들을 다음에 열거하면, 테살리아인, 돌로페스인, 에니아네스인 …… 등이었다. 페르시아의 침공에 맞서 항전의 기치를 들기로 결정한 그리스인들은 위의 민족들에 다음과 같은 조치를 취하기로 맹세했다. 즉, 그리스인이면

서 강제가 아닌 자의로 페르시아 왕에게 굴복한 자들에게는 모두 전쟁이 성공리에 끝날 때에는 델포이의 신에게 **1할세**—**割稅**(십일조)를 납부케 한다는 것이었다." 헤로도토스, 《역사》, 박광순 옮김, 범우사, 1987, p. 525.

포키스군의 십일조

"이때 이 텔리아스가 포키스군을 위해 다음과 같은 작전을 짜냈던 것이다. 즉, 그는 포키스군 중에서 500명의 정예를 선발한 다음 그들에게 그 전신 및 무장 도구에 석고를 칠하게 했다. 그리고 미리 병사들에게 흰 칠이 되어 있지 않은 인간을 보면 닥치는 대로 모두 죽이라고 명해 두고 야음을 틈타 테살리아군을 습격하도록 했던 것이다. 테살리아군의 경계부대가 먼저 이 부대를 발견했지만, 이들이 유령인가 생각하고 두려움에 떨기만 했다. 이러한 공포는 본대에도 전염되었다 그리하여 포키스군은 공포에 떨며 변변히 대항도 못하는 적군을 맞아 4,000명을 살해하고 그 시체와 방패를 손에 넣었다. 그리고 그 방패의 반을 아바이와 델포이에 봉납했다. 또한 이 전투에서 얻은 금의 **10분의 1**을 사용하여 몇 개의 거상 巨像을 델포이 신전 전면의 세발솥 주위에 세웠다. 아바이에도 역시 같은 것이 봉납되어 있다." 헤로도토스, 《역사》, 박광순 옮김, 범우사, 1987, p. 582.

그리스군의 첫 열매

고대 그리스에서는 데카테 δεκατη 라고 하는 '십일 조'와 아파르케 απαρκη 라고 하는 '첫 열매'가 서로 구분되지 않고 같은 의미로 사용되는 경우가 많았 다. 왜냐하면 십일조는 '첫 열매'의 특별한 형태에 불과한 것이기 때문이었다. 필자가 헤로도토스의 《역사》에서 '첫 열매' 봉헌과 관련된 기록을 찾아 보니 다음과 같은 예가 있었다.

I 아테나 파르테노스: 아테네의 수호여신이 다. 그리스 고전기의 조 각가 페이디아스Phidias 가 BC 438년에 창조 자가 인간에게 생명을 불어넣어 살아 있는 것처럼 형상화하여 제 작하였다. 머리에는 장 식이 달린 투구를 쓰 고 오른손에는 승리의 여신 니케 상을 들고 있으며, 왼손에는 창과 방패를 짚고 서 있다. 이 신뿐만 아니라 아 크로폴리스의 여러 여 신상도 백성에게서 거 둔 십일조에 의해서 만들어졌다.

● **페키스** : 고대 지중해 의 길이 단위. 1페키스 는 약 44.4센티미터 정도 된다.

"그리스군은 살라미스에 도착하자 먼저 신들에게 감사의 표시로 바 칠 '**첫 열매**'로서 전쟁 포획물 중에서 여러 가지 물품을 선정했는 데, 그중에는 페니키아의 삼단노선 세 척이 있었다. 그중 한 척은 지 협에 봉납했고 – 이 배는 내 시대까지 보존되어 있었다. – 한 척은 수 니온에, 나머지 한 척은 함대가 정박하고 있었던 살라미스의 영웅 아이아스에게 봉납했다. 그 후 노획물을 분배하고 그 '**첫 열매**'를 델포이에 보냈는데, 이 '**첫 열매**'로 주조한 것이 손으로 배의 이물 을 잡고 있는 12페키스 높이의 남자상이다. 이 상은 마케도니아 Macedonia 왕 알렉산드로스의 황금상과 같은 장소에 서 있었다. 그리 스인은 델포이로 '**첫 열매**'를 보낸 후, 각국 연명連命으로 봉납하는 '**첫 열매**'가 충분하고 신의 뜻에 맞는지를 물었다." 헤로도토스, 《역사》, 박광순 옮김, 범우사, 1987, p. 618.

아크로폴리스의 여러 여신상도 이러한 '첫 열매'나 십일조로 만들어진 것들이다.

이와 같이 십일조 현상은 히브리 민족에게만 있는 독특한 것이 아니었고 전 세계 각국에서 오랜 역사에 걸쳐 널리 행해지고 있었다.

십일조의 성경적 유래

기독교에서는 살렘 왕 멜기세덱에게 전리품의 10분 1을 바친 아브라함의 행위를 십일조의 시초로 잡고 있다. 이상에서 살펴본 바와 같이 지중해 연안과 중근동 지역 전역에 십일조가 시행되고 있었던 것을 생각해 볼 때 아브라함이 가나안 땅으로 들어와 여호와의 신령한 계시를 받기 전까지 십일조에 대해 모르고 있었다고 보기는 어렵다. 그보다는 갈대아 우르에 있을 때부터 십일조 관습을 알고 있었고 그 관습을 따라 자연스럽게 존경스런 대상에게 십일조로 경의를 표했다고 보는 것이 타당하다.

앞서 살펴본 바벨론 서판 유물들이 말해 주고 있듯이, 갈대아 우르에서는 이미 전리품의 십일조를 신전에 바치는 행위가 이루어지고 있었음이 틀림없다. 다만 아브라함은 그 십일조를 갈대아 우르 사람들처럼 우상에게 바치지 않고 하나님의 사람

● **멜기세덱** : 살렘의 왕이자 제사장이다. 학자들에 따르면 그가 다스렸다는 '살렘'은 예루살렘일 가능성이 높다. 〈시편〉 110편에서는 미래에 올 다윗 계열의 메시아에 대해 예언하면서 멜기세덱을 그 원형으로 제시한다. 이에 근거하여 〈히브리서〉 저자는 멜기세덱이라는 이름을 '의의 왕'으로, 살렘을 '평화'로 번역하여 그를 참된 의와 평화의 왕인 그리스도의 그림자로 해석한다.

● **갈대아 우르** : 현재의 이라크 남부에 위치한 '텔 무가이어'의 옛 지명이다. 아브라함의 고향, 우르는 메소포타미아 평야를 배경으로 농업과 상업 등이 발달한 수메르 문명의 중심지였다. 우르를 탐사한 결과, 거대한 지구라트와 함께 수많은 종교적 상징이 발굴되어, 종교적으로도 상당히 발달했음을 알 수 있다. 그 후로도 우르는 바벨론과 페르시아에 이르기까지 메소포타미아 지역의 중심지였다.

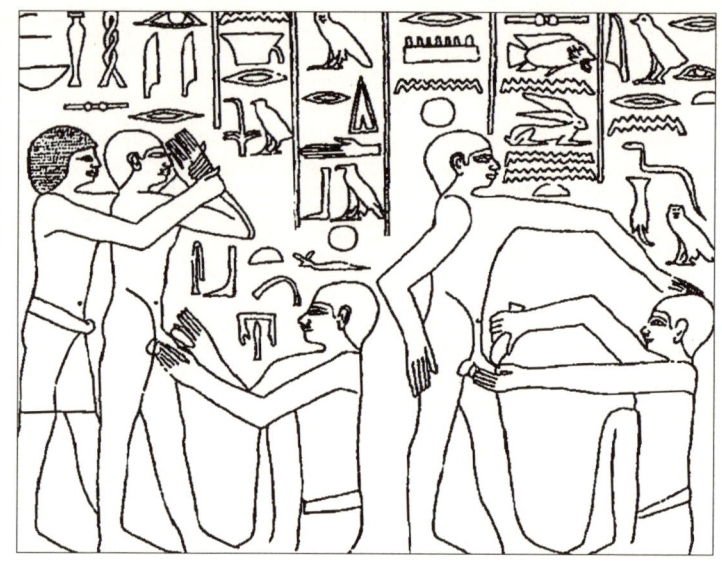

앙크마홀 벽화 〈할례〉
: 고대 이집트 제6왕조 때 사카라Saqqara의 앙크마홀 암굴 무덤에 그려진 벽화다. 유대인에게 할례는 단순환 의례가 아니라 하나님과 맺은 언약의 징표이며 이를 어기는 것은 하나님을 배반하는 행위였다.

에게로 돌렸던 것이다. 그러므로 아브라함의 십일조 행위를 지나치게 신비화하여 현대의 신자들에게까지 규범화시키는 것은 역사적인 고찰을 무시한 비지성적인 태도라고 할 수 있다.

《성경》에서 나타난 최초의 십일조는 아브라함에게서보다 아담의 아들, 아벨에게서 찾는 것이 더 적절할 것이다.

"아벨은 자기도 양의 **첫 새끼**와 그 기름으로 드렸더니 여호와께서 아벨과 그 제물은 열납하셨으나" 창세기 4:4

십일조는 '첫 열매'의 특별한 형태에 불과하다는 견해에서 볼 때 아벨이 바친 양의 첫 새끼가 십일조의 시초라고 할 만하다.

이제 〈창세기〉 14장에 나오는 아브라함의 십일조에 대해 좀 더 자세히 살펴보기로 하자.

"아브람이 그돌라오멜과 그와 함께 한 왕들을 파하고 돌아올 때에 소돔 왕이 사웨 골짜기 곧 왕곡에 나와 그를 영접하였고 살렘 왕 멜기세덱이 떡과 포도주를 가지고 나왔으니 그는 지극히 높으신 하나님의 제사장이었더라 그가 아브람에게 축복하여 가로되 천지의 주재시요 지극히 높으신 하나님이여 아브람에게 복을 주옵소서 너희 대적을 네 손에 붙이신 지극히 높으신 하나님을 찬송할지로다 하매 아브람이 그 얻은 것에서 십분 일을 멜기세덱에게 주었더라" 창세기 14:17~20

십일조주의자들은 이 사건을 기초로 율법시대 이전에도 십일조가 있었으니, 율법시대가 지난 지금도 십일조가 있어야 한다는 주장을 한다. 이러한 주장은 율법시대 이전과 율법시대 이후를 같은 시대로 보는 모순을 지니고 있다.

율법에 기초하지 않은 믿음의 원리라는 측면에서는 공통점이 있지만, 예수 그리스도의 구속 역사와 관련한 믿음의 내용에서는 많은 차이점을 지니고 있다. 여기서 믿음의 원리라고 하는 것은 바울이 말한 대로 '믿음으로 의롭게 되는' 원리를 말한다. 이 원리는

〈창세기〉 15장에 나오는 아브라함의 '믿음'에 적용할 수 있는데, 아브라함의 십일조 행위는 그 이전인 〈창세기〉 14장에서 이루어지고 있어 믿음의 원리와도 상관이 없는 듯이 보인다.

영국 웨스트민스터 교회의 담임목사였던 켄달R. T. Kendall은 이 난점을 해결하기 위해 〈창세기〉 12장에서 아브라함이 이미 믿음으로 의로워졌다는 주장을 펼친다.

"그런 사람은 〈창세기〉 12장 1~4절을 읽어보면 아브라함이 그 약속을 믿었다는 것을 알게 될 것이다. 복음을 믿기 이전에 아브라함이 먼저 십일조를 드린 것으로 생각해서는 안 된다. 〈창세기〉 15장은 기왕에 아브라함에게 임했던 약속이 더욱더 견고해지고 또 그와 마찬가지로 그의 신앙도 더욱 견고해진 것을 보여주고 있을 뿐이다." R. T. 켄달, 《십일조》, 송성진 옮김, 생명의말씀사, 1996, p. 79.

이러한 켄달 목사와 같은 십일조주의자의 논리대로라면 율법시대 이전에 아브라함이 '견고한 믿음'으로 시행한 할례도 율법시대 이후의 신자들이 받아야 한다는 주장이 나올 법도 하다. 실제로 사도 바울 시대에 신자들도 할례를 받아야 한다는 주장들이 있어 바울이 그 점에 대하여 〈갈라디아서〉에서 자신의 분명한 견해를 밝혔다.

"무릇 육체의 모양을 내려 하는 자들이 억지로 너희에게 할례를 받게 함은 그들이 그리스도의 십자가로 말미암아 박해를 면하려 함뿐이라 할례를 받은 그들이라도 스스로 율법은 지키지 아니하고 너희에게 할례를 받게 하려 하는 것은 그들이 너희의 육체로 자랑하려 함이라 그러나 내게는 우리 주 예수 그리스도의 십자가 외에 결코 자랑할 것이 없으니 그리스도로 말미암아 세상이 나를 대하여 십자가에 못 박히고 내가 또한 세상을 대하여 그러하니라 할례나 무할례가 아무 것도 아니로되 오직 새로 지으심을 받는 것만이 중요하니라" 갈라디아서 6:12~15

또 율법시대 이전에도 아브라함이 원시적인 형태의 제사를 '믿음'으로 드리는 장면이 〈창세기〉 15장에 나오는데, 그러면 그 제사는 어떻게 되는가?

"여호와께서 그에게 이르시되 나를 위하여 삼 년 된 암소와 삼 년 된 암염소와 삼 년 된 숫양과 산비둘기와 집비둘기 새끼를 가져올지니라 아브람이 그 모든 것을 가져다가 그 중간을 쪼개고 그 쪼갠 것을 마주 대하여 놓고 그 새는 쪼개지 아니하였으며 솔개가 그 사체 위에 내릴 때에는 아브람이 쫓았더라" 창세기 15:9~11

십일조주의자들의 말대로라면, 율법시대 이전에도 '믿음'으로 제사를 드렸으니 지금도 이러한 형태의 제사는 드려야 한다는 주

▎페테르 파울 루벤스 Peter Paul Rubens 의 〈아브라함과 멜기세덱의 만남 The Meeting of Abraham and Melchizedek〉
(1625, 패널에 유채, 96.8×113.4cm, 미국 워싱턴 내셔널 갤러리)

장이 나올 법도 하다.

무엇보다 아브라함이 멜기세덱에게 준 것은 소산의 10분 1이 아니라 전리품의 10분 1이라는 사실에 주목할 필요가 있다. 전리품의 10분 1은 모세오경의 전통적인 십일조 개념에 포함될 수 없는 성질의 것이다. 더군다나 그것은 아브라함이 조카 롯과 소돔 고모라 사람들이 빼앗겼던 재물을 도로 찾아온 것에 불과하다.

〈히브리서〉 7장에서는 전통적인 십일조와 아브라함이 멜기세덱에게 준 전리품의 10분 1이 함께 다루어지고 있지만, 〈히브리서〉의 해당 부분은 논의의 주제가 십일조가 아니라 제사장직에 관한 것임을 염두에 두어야 한다. 전통적인 십일조는 어디까지나 토지소산과 가축의 10분 1이다.

"그리고 그 땅의 십분의 일 곧 그 땅의 곡식이나 나무의 열매는 그 십분의 일은 여호와의 것이니 여호와의 성물이라" 레위기 27:30

"모든 소나 양의 십일조는 목자의 지팡이 아래로 통과하는 것의 열 번째의 것마다 여호와의 성물이 되리라" 레위기 27:32

또한 〈민수기〉 31장에 보면 전리품은 십일조의 대상이 되지 않는다는 사실이 분명히 나와 있다.

"여호와께서 모세에게 말씀하여 이르시되 너는 제사장 엘르아살과 회중의 수령들과 더불어 이 사로잡은 사람들과 짐승들을 계수하고 그 얻은 물건을 반분하여 그 절반은 전쟁에 나갔던 군인들에게 주고 절반은 회중에게 주고 전쟁에 나갔던 군인들은 사람이나 소나 나귀나 양 떼의 오백분의 일을 여호와께 드릴지니라 곧 이를 그들의 절반에서 가져다가 여호와의 거제로 제사장 엘르아살에게 주고 또 이스라엘 자손이 받은 절반에서는 사람이나 소나 나귀나 양 떼나 각종 짐승 오십분의 일을 가져다가 여호와의 성막을 맡은 레위인에게 주라" 민수기 31:25~30

'모든' 소득의 십일조를 주장하는 사람들은 이 〈민수기〉 구절을 보고 의아해할 것이다. 전리품의 500분의 1, 또는 50분의 1을 여호와께 바치라고 하고 있기 때문이다. 이는 십일조의 대상은 '모든' 소득이 아니고, 토지소산과 가축에 국한되어 있었기 때문에 전리품에 대해서는 십일조 규정을 적용하지 않은 것이다. 하나님께서 토지소산과 가축 이외의 다른 소득에 대해서는 십일조를 적용하지 않으신다는 사실은, '모든' 소득의 십일조를 주장하는 사람들이 자기도 모르게 오류를 범하고 있음을 단적으로 보여주는 셈이다. 이 점에 대해서는 앞으로 다시 살펴보기로 한다.

그 다음으로 나오는 십일조는 〈창세기〉 28장에 나오는 야곱의 10분 1 서원이다.

"야곱이 서원하여 이르되 하나님이 나와 함께 계셔서 내가 가는 이 길에서 나를 지키시고 먹을 떡과 입을 옷을 주시어 내가 평안히 아버지 집으로 돌아가게 하시오면 여호와께서 나의 하나님이 되실 것이요 내가 기둥으로 세운 이 돌이 하나님의 집이 될 것이요 하나님께서 내게 주신 모든 것에서 십분의 일을 내가 반드시 하나님께 드리겠나이다 하였더라" 창세기 28:20~22

이것은 하나님께서 자기의 소원을 이루어주시면 10분 1을 바치겠다는 조건부 십일조라 할 수 있다. 조건부 십일조는 전통적인 십일조 개념과는 거리가 먼 것이다. 전통적인 십일조는 하나님께서 소원을 이루어주시는 것과 상관없이 꾸준히 10분 1을 드리는 것이다. 야곱의 조건부 십일조는 오히려 신자들이 지양해야 할 신앙이라고 할 수 있다. 이러한 조건부 십일조는 야곱이 새 사람인 이스라엘로 변화되기 전에 서원으로 제시된 것임을 염두에 두어야 한다.

그런데 야곱은 '모든' 것에서 10분 1을 드리겠다고 했다. 따라서 십일조의 대상이 '모든' 소득이라고 주장하는 것은 거꾸로 끼워 맞춘 것에 불과하고 모세 율법과도 어긋난다.

• **가나안 땅 분배** : '가나안 땅의 분배'는 평등했다는 점에서 특별했다. 이스라엘은 지파별, 식구별로 온 백성에게 땅을 분배했다. 이는 왕이나 귀족, 부유한 자들이 땅을 독점적으로 소유하고, 백성들은 소작농에 불과했던 이방민족과는 대조되는 것이었다. 분배 원칙도 평등했다. 첫째, 하나님의 명령대로 분배했다. 둘째, 제비를 뽑아서 분배했다. 셋째, 인구수대로 분배했다. 또한 토지를 기준으로 조세를 부과하여 땅을 많이 얻은 지파는 많이 내게 하고, 적게 가진 지파에게는 적게 내도록 했다.

토지 분배와 십일조

전통적인 십일조 개념은 모세 시대 이후에 율법으로 규정된 십일조 조항에 기초하고 있다. 모세오경의 십일조 개념은 다른 민족이나 아브라함, 야곱의 십일조와는 다른 차원의 것으로 무엇보다 '토지 분배'와 관련이 있음을 유의해야 한다.

여호수아가 모세의 뒤를 이어 이스라엘 백성을 인도하여 가나안 땅으로 들어오면서 가장 중요하게 생각한 것은 토지 분배 문제였다. 〈여호수아〉는 토지 분배 문서라고 해도 과언이 아니다. 이스라엘 12지파가 가나안 족속과 싸운 전공戰功에 따라 토지를 나누었으나, 막상 분배한 후에 보니 비교적 골고루 나누어졌다.

여기서 이스라엘 12지파의 형성에 대해 간단히 살펴볼 필요가 있다. 12지파는 야곱의 네 여자가 낳은 열두 아들을 그 뿌리로 삼고 있다.

야곱의 첫 번째 아내 레아가 르우벤, 시므온, 레위, 유다를 낳자 자식이 없는 두 번째 아내 라헬(레아의 여동생)이 질투심에 불타 자기 몸종 빌하를 야곱에게 주어 단과 납달리를 낳게 한다. 그러자 레아도 자기 몸종을 야곱에게 주어 갓과 아셀을 낳게 한다. 곧이어 레아가 잇사갈과 스불론을 낳았고 라헬도 요셉과

베냐민을 낳는다.

　야곱은 가족들을 데리고 요셉이 총리로 있는 애굽으로 내려갔고, 죽기 직전에 요셉의 두 아들 므낫세와 에브라임을 자기 아들들로 삼았다. 그리하여 요셉 대신 요셉의 두 아들이 지파에 들게 됨으로써 이스라엘은 모두 13지파가 되었다.

　그런데 레위 지파는 성막을 섬기는 일을 해야 했으므로 가나안 족속과 싸울 수도 없었고 토지를 차지할 수도 없었다. 그래서 나머지 12지파에서 각각 4성읍씩 48개의 성읍을 내어놓아 레위인들에게 거주지와 목초지로 주었다. 그중에서 13개의 성읍은 제사장들에게로 돌아갔고, 6개의 성읍은 과실로 사람을 죽인 자들이 피해 있을 수 있는 도피성으로 삼았다.

　이와 같이 레위인과 제사장들도 거주지와 목초지를 기반으로 기본적인 생활은 할 수 있도록 배려해 준 것이다. 하지만 레위인과 제사장은 어디까지나 토지를 자기 것으로 소유하거나 상속할 수는 없었고, 각 지파의 땅에서 나그네처럼 흩어져 살아야만 했다. 《성경》에서 나그네와 레위인을 같이 다루고 있는 이유가 여기에 있다.

"셋째 해 곧 십일조를 드리는 해에 네 모든 소산의 십일조 내기를 마친 후에 그것을 레위인과 객과 고아와 과부에게 주어 네 성읍 안에

● **도피성** : 도피성은 이스라엘 전역에 흩어져 있었으며, 요단 강 동편에 세 곳(베셀·길르앗 라못·골란), 요단 강 서편에 세 곳(게데스·세겜·헤브론)이 있었다. 이 도피성은 이스라엘 전역 어디에서든지 32킬로미터 이내에 자리 잡고 있어서 부득이 도피성으로 피해 가야 할 경우 하룻길 이내에 도착할 수 있었다. 그뿐만 아니라 도피성을 향한 도로는 되도록 넓게 잘 닦아 놓았으며, 길을 잃지 않도록 안내판도 곳곳에 설치해 놓았다.

서 먹고 배부르게 하라" 신명기 26:12

이처럼 레위인은 토지 분배에서 제외되었으므로, 이스라엘 12지파에서 토지소산과 가축의 십일조를 모아 레위인에게 주었다. 이것이 전통적인 십일조의 유래인 셈이다.

고대 세계의 조세제도

원래 십일조는 이집트와 메소포타미아에 널리 퍼져 있던 일반적인 관습이었다. 조세로서의 십일조는 주로 고대 통치자들에게 바쳐졌는데, 그 비율은 반드시 10분의 1이 아니라 유동적이었다. 사실 10분 1은 상징적인 숫자였을 뿐 확정적인 것이 아니었다.

그중에서도 특히 '성스러운 십일조'는 왕을 민족의 신으로 여기는 신정정치의 개념과 관련이 깊었다. 근동의 다른 나라에 비해 왕정 수립이 늦었던 이스라엘은 왕에게 바치는 조세의 의미보다 민족 신神에게 드리는 종교적 십일조로 이해하는 경향이 있었다.

종교적 의미의 십일조는 고대 페니키아에서 유래한 것으로, 그들은 공동체의 제사를 위해 사제에게 십일조를 구별하여 주었다. 이는 공동 제사를 드리는 데에 따르는 부담을 충당하기 위한 공공적 성격의 것이었다.

그러나 이스라엘은 바벨론 포로기를 겪으면서 제사를 드릴 수 없게 되었고, 십일조의 공공적 의미도 상실하게 된다. 포로기 이후 제사가 회복되었지만, 십일조의 원래 의미는 많이 퇴색하였다.

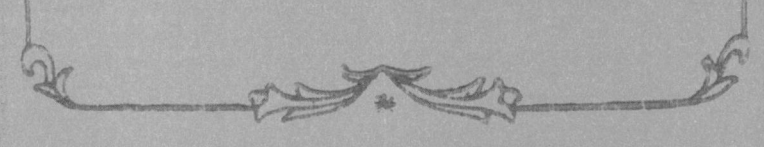

✤

"하나님의 정의가 이 땅에 실현되려면 무엇보다 토지 분배가 제대로 이루어져야 한다."

| **토레이** R. A. Torrey |

✤

Chapter 3

십일조는 돈으로 낸다?

대부분의 교회에는 십일조 헌금 봉투가 구비되어 있다. 그 봉투에 돈을 넣어 헌금하는 것을 당연히 여긴다. 그런데 십일조는 돈으로 드리는 게 아니라고 하면 의아하게 생각하지 않을 수 없다.

구약성경을 보면 고대사회도 화폐제도가 있어 은화를 비롯한 돈으로 물품과 땅을 사고 팔았다. 하지만 십일조만큼은 돈으로 내어서는 안 된다는 원칙이 있었다. 그것은 땅의 소산을 바침으로 땅이 여호와의 것이라는 신앙고백을 드리기 위함이었다.

또한 십일조는 자선모금이라기보다 어려운 이웃들과 나누는 음식이라는 성격을 띠고 있었다. 이런 점들에 관해 구약성경의 말씀들을 기초로 좀 더 구체적으로 살펴보고자 한다.

십일조는 토지소산과 가축이다

구약성경 어디를 보아도 토지소산과 가축 이외의 다른 소득에 대하여 십일조를 내라고 한 경우는 찾아볼 수 없다. 더군다나 돈으로 십일조를 내는 것은 생각도 할 수 없었다. 구약성경에서는 돈으로 십일조를 내는 것을 엄격하게 금지하고 있다.

〈신명기〉14장 24~27절에 보면 토지소산과 가축의 10분 1을 가지고 가기에 성소가 먼 경우에는 일단 돈으로 준비하고, 성소가 있는 곳에 가서 그 돈으로 십일조에 해당하는 물품들을 사서 내라고 했다.

또한 〈레위기〉27장 31절에 보면 "만일 어떤 사람이 그의 십일조를 무르려면 그것에 오분의 일을 더할 것이요"라고 했다. 다시 말해 돈으로 대신하려면 10분 3에 해당하는 금액을 내야 한다고 했다. 제사장은 그 돈을 십일조로 처리하는 것이 아니라 그 돈으로 십일조에 해당하는 물품들을 사야만 했다.

우리는 여기서 하나님께서는 토지소산과 가축의 10분 1을 원하셨지, 돈으로 드리는 십일조를 원하지 않으셨다는 것을 알 수 있다. 당시 장사를 하거나, 빵을 굽거나, 신발을 만들거나, 목수나 양을 치는 목동 등으로 일해서 번 돈은 십일조의 대상이 아니었다. 그러한 돈은 십일조가 아니라, 성전세나 다른 세금을 바치는 데 사용되었다.

그 시대는 농업사회니 토지소산으로 십일조를 낸 것이고, 현대는 화폐유통 경제시대니 돈으로 십일조를 내는 것이 타당하다고 생각할지도 모른다. 하지만 모세 시대는 물론 아브라함 시대도 현대와 같지는 않았지만, 엄연히 화폐유통 경제시대였다.

고대의 유대인 동전
(BC 135~104)

"아브라함이 이에 그 땅의 백성 앞에서 몸을 굽히고 그 땅의 백성이 듣는 데서 에브론에게 말하여 이르되 당신이 합당히 여기면 청하건대 내 말을 들으시오 내가 그 밭 값을 당신에게 주리니 당신은 내게서 받으시오 내가 나의 죽은 자를 거기 장사하겠노라 에브론이 아브라함에게 대답하여 이르되 내 주여 내 말을 들으소서 땅 값은 은 사백 **세겔**이나 그것이 나와 당신 사이에 무슨 문제가 되리이까 당신의 죽은 자를 장사하소서 아브라함이 에브론의 말을 따라 에브론이 헷 족속이 듣는 데서 말한 대로 상인이 통용하는 은 사백 **세겔**을 달아 에브론에게 주었더니" 창세기 23:12~16

앞에서 살펴보았듯이 십일조 규례를 적어놓은 바로 그 구절에서도 '돈'에 관해 언급하고 있다. 이것은 전통적인 십일조가 처음으로 시행되던 모세(여호수아) 시대에도 화폐가 중요한 교환수단으로 유통되고 있었음을 분명히 말해 준다.

"그러나 네 하나님 여호와께서 자기의 이름을 두시려고 택하신 곳이 네게서 너무 멀고 행로가 어려워서 네 하나님 여호와께서 그 풍부히 주신 것을 가지고 갈 수 없거든 그것을 **돈**으로 바꾸어 그 **돈**을 싸 가지고 네 하나님 여호와께서 택하신 곳으로 가서 네 마음에 원하는 모든 것을 그 **돈**으로 사되 소나 양이나 포도주나 독주 등 네 마음에 원하는 모든 것을 구하고 거기 네 하나님 여호와 앞에서 너와 네 권속이 함께 먹고 즐거워할 것이며" 신명기 14:24~26

하나님께서 왜 십일조에 해당하는 돈을 원하지 않고 굳이 토지 소산과 가축의 10분의 1을 원하셨을까?

〈레위기〉25장 23절에 보면 "토지를 영구히 팔지 말 것은 토지는 다 내 것임이니라"고 했다. 토지소산의 10분 1이 여호와의 것이라고 한 것은 토지가 여호와의 것이라는 사실을 일깨우기 위함이었다. 그리하여 땅이 안식하는 제7년에는 모든 백성이 십일조를 내지 않아도 되었다.

이렇게 볼 때 십일조는 레위인과 나눈다는 의미도 있지만, 무엇보다 하나님이 땅의 주인이라는 신앙고백인 동시에 땅을 주신 하나님께 대한 감사의 표시였음을 알 수 있다.

또한 실제로 토지 분배가 골고루 이루어졌기 때문에 십일조로 내는 분량도 그리 차이가 나지 않았다. 십일조를 다른 사람보다 더 많이 내면서 생색을 내는 사람도 없었고 십일조를 적게 낸다고 부끄러워하는 사람도 없었다. 게다가 모든 사람이 땅을 소유하고 있었기 때문에 십일조를 내지 못하는 사람도 없었다.

이는 오늘날의 한국 현실과 극단적으로 대조되는 부분이다. 한국은 부동산 투기 때문에 토지 분배가 제대로 이루어지지 않고 있고, 대부분의 땅을 상류층이 차지하고 있다. 이러한 한국의 현실에서는 십일조를 논하는 것 자체가 하나님을 모독하는 일이라고 하지 않을 수 없다. 하나님의 것인 토지를 인간의 욕심에 따라 투기의 대상으로 삼은 결과, 많은 사람이 땅 한 평 없이 살아가고 있다. 이러한 나라는 십일조를 논할 자격도, 바칠 자격도 없다고 해야 할 것이다.

이러한 판국에 한국의 대형교회들은 십일조로 모은 막대한 돈으로 시골의 넓은 땅을 사서 건물들을 짓고 차지하고 있으니, 십일조를 제정하신 하나님께서 통탄하실 일이다. 다른 명목의 헌금을 그러한 용도로 사용했다 해도 비난받을 일인데, 하물며 십일조 명목으로 들어온 헌금을 대거 부동산 구입에 쏟아 부었으니, 이는 스스로 십일조를 무효화시킨 꼴이요 십일조시대가 지났음을 스스로 선포한 셈이다.

● **성경에서 이탈하는 한국교회** : 한국교회는 신자가 땀을 흘려 하나님께 드린 십일조(각종 헌금)로 부를 쌓고 있다. 한국 대형교회의 목회자들은 그 돈으로 고급 아파트를 사고 부동산을 사기도 하며 고급 승용차를 사기도 한다. 심지어 자녀를 유학까지 보내고 있다. 또한 멀쩡한 교회를 부수고 확장하며 기득권을 놓지 않으려고 세습까지 한다. 이러한 행각이 해마다 매스컴에 거론되고 있다. 과연 누가 하나님의 것을 도둑질하고 있는지 생각하게 된다.

다시금 토지소산과 가축의 10분 1을 십일조로 바치라고 하신 하나님의 깊은 뜻을 이 시대에 정말 곰곰이 되새겨보지 않으면 안 된다. 모든 백성이 땅을 가지고 토지소산이 있어, 그 소산의 10분 1을 바칠 수 있는 나라에서나 전통적 의미의 십일조 제도가 가능하다 할 것이다. 그러한 십일조가 제대로 운용될 수 없는 나라, 다시 말해 하나님의 것인 토지를 부동산 투기꾼들이 도둑질하여 차지하고 있는 나라는 하나님 보시기에 패역한 나라라 아니할 수 없다.

예수원의 고故 토레이 R. A. Torrey 신부도 하나님의 정의가 이 땅에 실현되려면 무엇보다 토지 분배가 제대로 이루어져야 한다고 했다. 그러므로 십일조는 토지나 부의 분배가 공정하게 이루어져 하나님의 정의가 실현되고 있다는 증거여야만 한다.

십일조는 음식이다

토지소산의 10분 1은 일 년 동안 농사를 지어 얻은 곡식과 포도주와 기름(올리브기름)의 십일조였다. 모세오경과 역사서 등에서는 줄기차게 이 세 가지 품목을 말하고 있다.

"너는 **곡식과 포도주와 기름의 십일조**와 네 소와 양의 처음 난 것과 네 서원을 갚는 예물과 네 낙헌 예물과 네 손의 거제물은 네 각 성에서

먹지 말고" 신명기 12:17

"네 하나님 여호와 앞 곧 여호와께서 그의 이름을 두시려고 택하신 곳에서 네 **곡식과 포도주와 기름의 십일조**를 먹으며 또 네 소와 양의 처음 난 것을 먹고 네 하나님 여호와 경외하기를 항상 배울 것이니라" 신명기 14:23

"도비야를 위하여 한 큰 방을 만들었으니 그 방은 원래 소제물과 유향과 그릇과 또 레위 사람들과 노래하는 자들과 문지기들에게 **십일조로 주는 곡물과 새 포도주와 기름**과 또 제사장들에게 주는 거제물을 두는 곳이라" 느헤미야 13:5

"이에 온 유다가 **곡식과 새 포도주와 기름의 십일조**를 가져다가 곳간에 들이므로" 느헤미야 13:12

곡식이라는 말은 워낙 넓은 의미를 지니고 있기 때문에 이 세 가지 품목 안에 토지소산의 모든 것이 포함된다고 해도 과언이 아니다. 이 세 가지 품목의 공통점은 먹을 수 있는 음식이라는 것이다. 그리고 소와 양 떼들 중에서 취하는 십일조 역시 음식으로 사용되는 것이다. 그러므로 십일조는 식물성과 동물성이 고루 갖춰진 음식인 셈이다. 동물성, 즉 육식은 나중에 제사에 드리는 제물들로 충분히 보충되었으므로, 바벨론 포로 이후에는 주로 곡식과 포도주와 기름의 십일조, 다시 말해 식물성의 십일조로 정착된 것을 알 수 있다.

그렇다면 왜 하나님께서는 먹을 수 있는 음식만을 십일조로 내라고 하셨을까? 앞에서 말했듯이 십일조는 기업이 없는 사람들과 나눠 먹는다는 의미를 지니고 있다. 나그네와 고아와 과부도 여기에 해당한다. 그중에서도 특히 레위인을 위해 십일조가 쓰였다. 그러므로 십일조는 함께 먹고 마시는 공동식사의 의미를 지니고 있다.

우리나라도 추수 때가 되면 마을 사람들이 생활이 어려운 사람들을 생각하고 곡식과 음식을 나누는 풍습이 있다. 추측건대, 전 세계 어디를 가나 그러한 풍습이 있을 것이다. 이스라엘의 십일조도 어렵게 생각할 필요가 없이 바로 그러한 구제 풍습의 일종이었다.

하나님을 모시는 성소가 성막에서 성전으로 바뀌는 과정에서 토지소산과 가축의 십일조가 제사를 드리는 예물의 하나로 정착하게 되었다. 십일조는 일단 성전에 예물로 바쳐졌다가 레위인의 음식으로 골고루 분배되었다. 레위인은 자기들에게 분배된 음식의 10분 1을 또 제사장들에게 바쳤다. 제사장들에게 바쳐진 그 십일조의 십일조는 더욱 거룩한 예물로 다루어졌다.

"너는 레위인에게 말하여 그에게 이르라 내가 이스라엘 자손에게 받아

아시리아에 조공을 바치는 이스라엘 왕 예후: BC 722년경 북이스라엘은 아시리아에 멸망한다. 그들은 이스라엘 백성의 토지를 빼앗고 조공을 바치라고 요구했다. 위의 부조는 '살마네세르 Shalmaneser의 검은 오벨리스크'(대영 박물관)라고 불리는 기념비에 새겨진 것이다. 부조에는 이스라엘 왕 예후가 살마네세르 3세 앞에 무릎 꿇고 엎드려 있다. 이 부조는 이스라엘 왕에 대해서 당대에 묘사한 것 중에서 유일하게 남아 있는 것이다.

너희에게 기업으로 준 십일조를 너희가 그들에게서 받을 때에 그 십일조의 십일조를 거제로 여호와께 드릴 것이라" 민수기 18:26

음식을 나눠 먹는 것과 돈으로 주는 것은 큰 차이가 있다. 돈보다는 음식이 더 정성스러운 법이다. 또한 음식으로 십일조를 내도 중간에서 가로채는 사례가 많았는데 느헤미야 13:4~10 참조, 돈으로 내면 오죽하겠는가. 전혀 엉뚱한 곳에 써버리거나, 더 수월하게 도둑질을 하게 될 것이다. 이 외에도 십일조를 음식으로만 국한하여 드리라고 한 하나님의 깊은 뜻이 더 있을 것이다.

〈말라기〉3장 10절에서도 "나의 집에 **양식**이 있게 하고"라고 하심으로 십일조가 문자 그대로 '양식'임을 분명히 보여주고 있다. 〈말라기〉3장 10절의 양식을 영적 양식이니, 하나님의 말씀이니

하면서 아전인수我田引水 격으로 해석해서는 안 된다.

이 양식은 어떤 양식인가? 레위인을 비롯한 나그네와 고아와 과부들에게 나눠줄 음식이다. 이러한 십일조 정신은 "우리에게 양식을 주옵시고" 하는 '주기도문'에도 들어 있다. '나'에게 양식을 달라고 기도하는 것이 아니다. '우리'에게 양식을 달라고 기도하는 것이다. 이 땅에 양식이 없어 굶주리는 자가 없게 해달라는 기도이며, 우리에게 양식을 주시면 그러한 자들과 나눠 가지겠다는 나눔의 기도인 셈이다.

성경적 토지제도

가나안 땅에 정착한 이스라엘 민족은 여호와의 지시를 따라 지파별로 제비를 뽑아 땅을 나누었다. 다른 지파나 사람에게 땅의 소유권을 넘기는 것은 금지되었다. 부득이한 경우 토지 매매가 허용되긴 했지만, 50년이 지나면 원래 소유주에게 땅을 돌려주어야 했다. 결국 이스라엘은 최소한 50년에 한 번씩은 땅의 재분배를 통해 평등한 사회를 유지했다.

그러므로 이스라엘에서는 대토지 소유가 원천적으로 불가능했다. 결과적으로 고대 이스라엘은 소유한 땅의 면적이 아니라 가축의 수를 부(富)의 기준으로 삼게 되었다. 많은 가축을 돌보려면 부지런해야 했고, 부지런할수록 부자가 되었다. 그럼으로써 이스라엘은 '부의 세습'이 아니라 '노력'에 의한 공정한 사회를 유지할 수 있었다. 이러한 토지에 대한 성경적 가르침은 이스라엘 역사에서 700년 이상 실제로 지켜졌다고 한다. 선지자들은 끊임없이 성경적 토지제도를 선포했고, 성경적 토지제도가 유지되는 동안 이스라엘은 계속 번성하였다.

그러나 오랫동안 지켜졌던 성경적 토지제도는 북이스라엘의 아합 왕과 그의 아내 이세벨에 의해 무너지고 만다. 이들은 토지의 자유거래를 허용하는 페니키아의 제도를 받아들여 이스라엘에 강제로 시행한다. 당시 근동에서는 토지의 자유거래를 경제원칙으로 삼고 있었고, 대지주에 의한 부의 축적이 심화하여 극심한 빈부격차를 가져왔다. 이스라엘 역시 이 제도를 받아들이면서 대지주와 소작농으로 빈부격차가 확대되기 시작했으며, 결과적으로 십일조가 무너지기 시작했다.

토지의 주인을 하나님에서 사람으로 바꾸어 놓은 '바알의 토지제도'는 고대와 중세, 근세와 현대를 거치면서 경제제도의 불가침 원칙이 되었다. 이러한 현대 경제질서에서 진정한 십일조는 더 이상 존재할 수 없는 것이 되고 말았다.

• 바리새인과 예수 •
율법에 갇혀 예수를 알아보지 못한 바리새인들처럼, 당신도 율법에 갇혀 있을 것인가?

| 2부 |

십일조라 쓰고, 타락이라 읽는다

✢
"하나님이여 내 속에 정한 마음을 창조하시고 내 안에 정직한 영을 새롭게 하소서"
| 시편 51:10 |

Chapter 4

십일조를 도둑질하는 제사장들

이스라엘 백성이 가나안으로 들어와 국가를 형성한 이후의 역사를 정리해보면 대강 다음과 같다.

BC 1050년경 – 사무엘이 사울을 이스라엘의 왕으로 기름 부어 세우다.
BC 960년경 – 솔로몬의 성전을 완공하다.
BC 930년경 – 북이스라엘과 남유다가 분열하다.
BC 760년경 – 선지자 아모스가 경고하다.
BC 725년경 – 히스기야가 종교개혁을 단행하다.
BC 722년경 – 북이스라엘이 멸망하다.

BC 586년경 - 남유다가 멸망하다.

BC 538년경 - 고레스가 칙령을 반포하다.

BC 537년경 - 스룹바벨을 중심으로 제1차 포로귀환이 이루어지다.

BC 516년경 - 스룹바벨이 성전을 완공하다.

BC 458년경 - 제사장 에스라를 중심으로 제2차 포로귀환이 이루어지다.

BC 450년경 - 선지자 말라기가 경고하다.

BC 444년경 - 느헤미야의 지도로 제3차 포로귀환이 이루어지다.

BC 445년경 - 느헤미야가 종교개혁과 성곽재건을 단행하다.

위 시기를 따라 십일조 규정들이 어떻게 지켜졌는지에 관한 기록들은 미미하기 이를 데 없다.

모세 율법 이후의 십일조

사무엘의 경고

사무엘은 이방 나라들처럼 왕을 세우기를 원하는 백성에게 다음과 같이 경고한다.

"그가 또 너희의 곡식과 포도원 소산의 십일조를 거두어 자기의 관리와

▌다윗 성: 예루살렘의 올드 시티 안에 있는 다윗 성의 망대의 모습이다. 1세기 때 이 장소는 헤롯 왕가가 살던 왕궁이 있었으며, 1517년 오스만튀르크 술탄 황제가 이곳을 재건하면서 이슬람식 건축 양식을 도입하였다. 오늘날 이곳에는 '예루살렘 역사박물관'이 세워져 있다. 이 성은 과거의 모습과는 많이 다르지만, 다윗 왕은 당시 법궤를 이곳에 두어 레위인 3만 8,000명에게 봉사하도록 하였다.

신하에게 줄 것이며 그가 또 너희의 노비와 가장 아름다운 소년과 나귀들을 끌어다가 자기 일을 시킬 것이며 너희의 양 떼의 십분의 일을 거두어 가리니 너희가 그의 종이 될 것이라" 사무엘상 8:15~17

여기서 언급된 십일조는 모세 율법의 전통적인 십일조가 아니라 정치적 목적의 십일조, 즉 착취 수단으로서의 십일조이다. 왕을 세우려면 이러한 십일조를 감당해야 하는데, 그런 각오가 되어 있느냐고 책망하는 식으로 묻고 있는 것이다. 하지만 이러한 십일조가 실제로 어떻게 지켜졌는지는 기록이 없다.

다윗 왕과 레위인

〈역대상〉 13장, 15장, 23장을 보면 다윗이 여호와의 법궤를 예루살렘 성소로 옮기고 성소 일들을 맡기기 위해 레위인을 불러 모으는 대목이 나온다.

"다윗이 다윗 성에서 자기를 위하여 궁전을 세우고 또 하나님의 궤를 둘 곳을 마련하고 그것을 위하여 장막을 치고 다윗이 이르되 레위 사람 외에는 하나님의 궤를 멜 수 없나니 이는 여호와께서 그들을 택하사 여호와의 궤를 메고 영원히 그를 섬기게 하셨음이라 하고 다윗이 이스라엘 온 무리를 예루살렘으로 모으고 여호와의 궤를 그 마련한 곳으로 메어 올리고자 하여 다윗이 아론 자손과 레위 사람을 모으니 …… 하나님이 여호와의 언약궤를 멘 레위 사람을 도우셨으므로 무리가 수송아지 일곱 마리와 숫양 일곱 마리로 제사를 드렸더라 다윗과 및 궤를 멘 레위 사람과 노래하는 자와 그의 우두머리 그나냐와 모든 노래하는 자도 다 세마포 겉옷을 입었으며 다윗은 또 베 에봇을 입었고 이스라엘 무리는 크게 부르며 뿔나팔과 나팔을 불며 제금을 치며 비파와 수금을 힘있게 타며 여호와의 언약궤를 메어 올렸더라" 역대상 15:1~4, 26~28

그때 모인 30세 이상 레위인의 수가 3만 8,000명이라고 한다. 그러나 이 많은 수의 레위인을 돕기 위한 십일조가 어떻게 시행되었는지에 관한 기록은 없다. 다만 "하나님이 여호와의 언약궤를 멘 레위 사람을 도우셨으므로"라는 포괄적인 기록만 있을 뿐이다. 그 이유는 십일조가 당연히 시행되었기 때문일 수도 있고 제대로 시행되지 않았기 때문일 수도 있다. 십일조 시행과 상관없이 다윗은 자신이 모은 레위인을 국고의 세금으로 지원해 주었을 것이 틀림없다.

솔로몬 왕 이후
솔로몬 왕에 의하여 예루살렘 성전이 완공되었다. 성전 건축 과정에서 레위인의 역할이 무엇이었는지는 기록에 없으나, 성전이 완공된 후 다윗의 시온 성 성소에서 예루살렘 성전으로 여호와의 언약궤를 옮기는 일에 레위인이 동원되었다.

"솔로몬이 여호와의 전을 위하여 만드는 모든 일을 마친지라 이에 솔로몬이 그의 아버지 다윗이 드린 은과 금과 모든 기구를 가져다가 하나님의 전 곳간에 두었더라 이에 솔로몬이 여호와의 언약궤를 다윗 성 곧 시온에서부터 메어 올리고자 하여 이스라엘 장로들과 모든 지파의 우두머리 곧 이스라엘 자손의 족장들을 다 예루살렘으로 소집하니 일곱째 달 절기에 이스라엘 모든 사람이 다 왕에게로 모이고 이스라엘 장로들이 이르매 레위 사람들이 궤를 메니라 궤와 회막과 장막 안에 모든 거룩한 기구를 메고 올라가되 레위인 제사장들이 그것들을 메고 올라가매 솔로몬 왕과 그 앞에 모인 모든 이스라엘 회중이 궤 앞에서 양과 소로 제사를 드렸으니 그 수가 많아 기록할 수도 없고 셀 수도 없었더라" 역대하 5:1~6

레위인들은 성소 봉사 때보다 더욱 조직적으로 성전 업무에 봉사했다. 하지만 솔로몬 시대에도 레위인을 돕기 위해 십일조가 시

1세기 헤롯 대왕에 의해 시공된 예루살렘 성전의 모습: 헤롯 대왕은 BC 18년부터 성전을 짓기 시작하여 AD 64년경에 완공했다. 대를 물려 가며 헤롯의 가문은 80여 년의 세월을 소비하며 예루살렘 성전을 차근차근히 완성하였다. 오늘날 '통곡의 벽'에 가보면 헤롯 때 그 외에도 AD 16세기에 쌓은 오스만 튀르크 시대의 돌벽도 그 위에 가지런히 쌓여 있는 것을 볼 수 있다. 그것은 1537~1547년까지 10년 동안 술레이만 대제가 예루살렘을 증축한 흔적이다. 자세히 관찰하면 금세 이런 시대적인 구분을 할 수가 있다.

행되었다는 기록은 찾아볼 수 없다.

한편 남북 왕국 분열 이후 유다의 여호사밧 왕은 유다 각 지역의 우상들을 파하고 방백들과 레위인들을 보내어 백성에게 여호와의 율법을 가르치게 했다.

"그(여호사밧)가 왕위에 있은 지 삼 년에 그의 방백들 벤하일과 오바댜와 스가랴와 느다넬과 미가야를 보내어 유다 여러 성읍에 가서 가르치게 하고 또 그들과 함께 레위 사람 스마야와 느다냐와 스바댜와 아사헬과 스미라못과 여호나단과 아도니야와 도비야와 도바도니야 등 레위 사람들을 보내고 또 저희와 함께 제사장 엘리사마와 여호람을 보내었더니 그들이 여호와의 율법책을 가지고 유다에서 가르치되 그 모든 유다 성읍들로 두루 다니며 백성들을 가르쳤더라" 역대하 17:7~9

아모스 왕은 레위인을 시켜 예루살렘 성전을 수리할 돈을 백성으로부터 거두게 한다.

"그 후에 요아스가 여호와의 전을 보수할 뜻을 두고 제사장들과 레위 사람들을 모으고 그들에게 이르되 너희는 유다 여러 성읍에 가서 모든 이스라엘에게 해마다 너희의 하나님의 전을 수리할 돈을 거두되 그 일을 빨리 하라 하였으나 레위 사람이 빨리 하지 아니한지라 …… 이에 왕이 말하여 한 궤를 만들어 여호와의 전 문 밖에 두게 하고 유다와 예루살렘에 공포하여 하나님의 종 모세가 광야에서 이스라엘에게 정한 세를 여호와께 드리라 하였더니 모든 방백들과 백성들이 기뻐하여 마치기까지 돈을 가져다가 궤에 던지니라" 역대하 24:4~5, 8~10

여기서 '모세가 광야에서 이스라엘에게 정한 세'는 십일조가 아니라 성전세를 가리킨다. 십일조는 토지소산과 가축의 10분의 1로 돈으로 드릴 수 없으므로 궤에 들어갈 성질의 것이 아니다. 왕이 레위인들로 하여금 성전 수리비를 거두도록 한 것은 특기할 만한 대목이다. 레위인의 생활비를 지원한 십일조에 관한 기록은 히스기야 왕 때만 나온다. 그 시절의 십일조는 성전 개혁과 레위인, 제사장들의 재정비와 관련이 있다.

"왕의 명령이 내리자 곧 이스라엘 자손이 곡식과 포도주와 기름과 꿀과 밭의 모든 소산의 첫 열매들을 풍성히 드렸고 또 모든 것의 십일조를 많이 가져왔으며 유다 여러 성읍에 사는 이스라엘과 유다 자손들도 소와 양의 십일조를 가져왔고 또 그들의 하나님 여호와께 구별하여 드릴 성물의 십일조를 가져왔으며 그것을 쌓아 여러 더미를 이루었는데 셋째 달에 그 더미들을 쌓기 시작하여 일곱째 달에 마친지라" 역대하 31:5~7

〈이사야〉, 〈예레미야〉, 〈에스겔〉 등의 예언서에서도 십일조라는 용어는 나오지 않고 제물이나 예물 같은 포괄적인 용어가 나올 뿐이다. 선지자 아모스는 우상에게 예물을 바치는 사람들을 책망할 때 십일조라는 용어를 사용한다.

"너희는 벧엘에 가서 범죄하며 길갈에 가서 죄를 더하며 아침마다 너희 희생을, 삼일마다 너희 십일조를 드리며" 아모스 4:4

아모스는 이스라엘이 남유다와 북이스라엘로 분단되어 있던 시기에 북이스라엘에서 활동한 선지자였다. 성전에서 봉사하는 레위인과 제사장들을 위하여 십일조가 드려져야 함은 당연한 일이었다. 하지만 성전이 남유다인 예루살렘에 있었기 때문에 북이스라엘 아홉 지파의 백성은 성전 예배에 참여하기 어려웠다. 북이스라엘 왕들은 백성이 남유다 지역에 있는 예루살렘 성전으로 내려가는 것을 막기 위해 전국 각 지역에 신전과 산당을 세워 각종 우상을 끌어들였다. 아모스를 비롯한 많은 선지자가 그 일을 경고하고 책망했으나, 북이스라엘의 왕들은 여전히 돌이키지 않고 우상숭배에 빠져 십일조를 우상에게 바치기까지 했다.

〈느헤미야〉에서는 십일조를 새롭게 드리는 백성과 십일조를 도둑질하는 제사장들이 대비되어 나온다. 그 후 〈말라기〉에서 십일조를 도둑질하는 제사장들에 대한 경고와 온전한 십일조가 가져다

고레스 진흙 원통 문서(대영 박물관) : 이 원통 문서에는 페르시아가 바벨론을 점령한 사건과 포로인 이스라엘 백성을 본국으로 해방하겠다는 그 유명한 고레스 칙령이 새겨져 있다. 고레스는 바벨론에서 포로생활을 하고 있던 유대인들을 예루살렘으로 귀환시켜 이스라엘이 신앙과 민족 정체성을 유지하게 하는 결정적인 역할을 한 인물이다. 고레스의 칙령으로 이스라엘 백성은 제3차에 걸쳐서 다시 고국으로 돌아오게 된다. 요세푸스의 《유대 고대사(Antiquities)》에서는 고레스 왕이 〈이사야〉서를 읽고, 이스라엘 백성을 귀환시켰다고 말한다.

줄 축복에 대한 언급이 나온다.

이상에서 볼 때 모세 율법 이후 십일조는 제대로 지켜진 것 같지 않다. 우상에게 바치는 십일조로 변질하기까지 하고, 바벨론 포로 시대를 거치면서 십일조 규정조차 사문화될 뻔했다. 한편으로는 십일조를 지키려는 사람들도 있었지만, 한편에서는 십일조를 도둑질하기에 여념이 없는 부류가 있었다. 여기에 관해서는 다음 장에서 좀 더 자세히 살펴보고자 한다.

십일조와 헌물을 훔치는 제사장들

말라기는 포로기 시대에 활동한 선지자로서, 그 이름은 '나의 사자' 라는 뜻이다. 〈말라기〉는 구약성경의 12개의 소선지서 중 하나로 저작 연대는 대략 예루살렘 제2성전 재건시기인 BC 515년경에서 느헤미야의 개혁시기인 BC 450년경 사이로 잡고 있다.

〈말라기〉에서 책망하고 있는 이스라엘의 죄들은 〈에스라〉와 〈느헤미야〉에서 언급된 죄들과 병행관계를 이루고 있다. 따라서 말라기가 에스라와 느헤미야와 동시대 인물인 것으로 추정된다.

BC 538년 바벨론 왕 고레스는 칙령을 발표하여 포로로 있던 이스라엘 백성이 고국으로 돌아갈 수 있도록 길을 열어주었다. 고국으로 돌아온 백성은 무엇보다 먼저 파괴된 성전 재건 운동에 나섰다. 그들은 성전이 재건되면 선지자들의 예언이 성취되어 더 나은 세상이 될 줄 알았다. 하지만 이스라엘은 여전히 흉작과 기근, 전염병으로 궁핍을 면치 못했다. 낙심한 백성이 다시 우상숭배에 빠지고 도덕적으로 해이해져 갔다. 무엇보다 이러한 백성을 독려하고 본을 보여야 할 종교 지도자들이 성전을 이용하여 사리사욕을 채우기에 여념이 없었다.

〈말라기〉는 이러한 이스라엘 타락상에 대한 경고와 책망을 담고 있다. 그러면서도 궁극적으로는 하나님의 세계가 도래할 것이라는 희망을 놓치지 않는다.

〈말라기〉의 전체 주제는 '하나님의 사랑은 심판 속에서 입증된다' 는 역설적인 내용이라 할 수 있다. 하나님의 심판은 교만한 악인들과 결혼의 순결을 더럽히는 자들, 불성실한 예배를 드리는 자들, 십일조와 헌물을 도둑질하는 제사장들에게 내려지고, 마침내 '의로운 해'가 떠올라서 치료하는 광선을 발하게 된다.

이제 〈말라기〉의 중요한 구절을 생각해볼 차례다. 왜냐하면 한국의 많은 목회자가 이 구절에 의지하여 십일조를 강조하고 있기 때문이다. 〈말라기〉 3장 7~12절이 바로 그 부분이다. 특히 〈말라기〉 3장 8~10절 부분이 자주 인용되고 있다.

▌**말라기** (두초 디부오닌세냐, 1308~1311, 템페라화, 42.5×16cm, 이탈리아 두오모 박물관) : 말라기가 활동한 당시는 종교적인 나태와 형식주의와 부패가 만연했으며, 제사장들도 게을러 백성의 제물에 대하여 불성실하면서 십일조를 훔치고, 백성 또한 신앙생활을 게을리하며, 이혼이 성행하고 잡혼이 많았다.

"사람이 어찌 하나님의 것을 도둑질하겠느냐 그러나 너희는 나의 것을 도둑질하고도 말하기를 우리가 어떻게 주의 것을 도둑질하였나이까 하는도다 이는 곧 십일조와 봉헌물이라 너희 곧 온 나라가 나의 것을 도둑질하였으므로 너희가 저주를 받았느니라 만군의 여호와가 이르노라 너희의 온전한 십일조를 창고에 들여 나의 집에 양식이 있게 하고 그것으로 나를 시험하여 내가 하늘 문을 열고 너희에게 복을 쌓을 곳이 없도록 붓지 아니하나 보라" 말라기 3:8~10

목회자들이 설교 시간에 〈말라기〉 전체의 내용과 문맥을 무시하고 이 구절만 인용하여 목소리를 높이니, 교인들은 십일조가 신앙생활의 절대적인 요소라고 믿게 된다. 이러한 현상은 기복신앙과 맞물려 증폭되고 있는 실정이다.

〈말라기〉 3장 8~10절을 이해하기 위해서는 우선 〈말라기〉 전체를 살펴볼 필요가 있다. 〈말라기〉는 BC 430년경에 기록된 책으로 기본적으로 제사를 잘못 드리고 있는 제사장들에 대한 책망을 담고 있다. 요즈음 말로 하면 목회자들과 같은 종교 지도자들에 대한 책망이 주요 메시지다.

〈말라기〉는 1장 6절에 "내 이름을 멸시하는 제사장들아"라고 경고의 대상을 분명히 밝히고 있다. 2장 1절에도 "너희 제사장들아"라고 했다. 그런데 주석서들을 보면 1장 1절에서 2장 9절까지는 제사장들에 대한 책망이지만, 2장 10절부터는 백성에 대한 책망이라고 문단 구분을 해놓고 있다. 그래서 〈말라기〉 3장 8~10절도 백성에게 주는 경고라는 것이다.

이 문제와 관련해서는 지금까지도 논쟁이 치열하게 벌어지고 있다. 〈말라기〉 3장 8~10절 부분이 제사장에 대한 책망이냐, 일반 백성에 대한 책망이냐를 놓고 한 치의 양보도 없이 싸움이 벌어지고 있다. 제사장에 대한 책망이라고 주장하는 측은 2장 10절 이하에도 제사장을 암시하는 구절들이 계속 나오고 있는 점을 들고 있다.

"이 일을 행하는 사람에게 속한 자는 깨는 자나 응답하는 자는 물론이요 **만군의 여호와께 제사를 드리는 자도** 여호와께서 야곱의 장막 가운데에서 끊어 버리시리라" 말라기 2:12

"그가 은을 연단하여 깨끗하게 하는 자 같이 앉아서 **레위 자손을 깨끗하게 하되** 금, 은 같이 그들을 연단하리니 그들이 공의로운 제물을 나 여호와께 바칠 것이라" 말라기 3:3

만군의 여호와께 제사를 드리는 자나 레위 자손은 제사장을 가리키고 있음이 틀림없다. 하지만 이를 일반 백성에 대한 책망이라고 주장하는 측은 만군의 여호와께 제사를 드리는 자나 레위 자손이 2인칭이 아닌, '그들'이라는 3인칭으로 불리고 있는 것을 주목한다. 그런데 여기서 한 가지 사실을 짚고 넘어가야 한다. 〈말라기〉 2장 10절에서 2장 15절까지 문체가 말라기 선지자 자신의 말투로 바뀌고 있는 것이다.

"**우리**는 한 아버지를 가지지 아니하였느냐 한 하나님께서 지으신 바가 아니냐 어찌하여 **우리** 각 사람이 자기 형제에게 거짓을 행하여 **우리** 조상들의 언약을 욕되게 하느냐" 말라기 2:10

지금까지 "만군의 여호와가 이르노라"라고 하며 여호와의 말씀을 선포하던 말라기 선지자가 "우리"라고 말하면서 자기 자신의 목소리를 내다가 2장 16절에 와서 다시 "이스라엘의 하나님 여호와가 이르노라"로 바뀌고 있다. 그리고 3장 1절에서 6절까지는 미래에 대한 예언으로서 메시아에 관한 약속을 그 배경으로 하고 있다.

그러므로 3장 3절의 '레위 자손'은 말라기 당시의 제사장들을 가리키는 것이 아니라 먼 훗날 깨끗하여져 의로운 제물을 드리게 될 제사장들을 가리키고 있는 셈이다. 그러한 제사장들을 '그들'이라고 표현하는 것은 너무나 당연한 이치이다. 그 '레위 자손'을 '그들'이라고 표현했다고 해서 3장 7~12절 말씀이 제사장들과는 관련이 없다고 단정을 내릴 수는 없는 법이다.

3장 1~6절이 미래에 대한 예언이라면 3장 7절부터는 다시 말라기 당시의 현실로 돌아오고 있음을 유의해야 한다. 이런 식으로 미래와 현실을 왔다갔다하는 것은 선지서에서 예언을 기록하는 문체의 특성이기도 하다. 그러므로 3장 6절에 나오는 "야곱의 자손들아"라는 구절을 들어 3장 7~12절 말씀이 백성에 대한 책망이라고 보는 것은 문맥의 흐름을 잘 파악하지 못한 결과라고 할 수 있다. 3장 7절부터는 다시 말라기 당시의 현실로 돌아와 2장 9절까지 이루어졌던 제사장에 대한 책망이 이어지고 있다고 보는 것이 문맥의 흐름상 무리가 없다.

정 이해가 안 되면 말라기 선지자 자신의 목소리로 돌아간 부분과 미래에 대한 예언 부분, 즉 2장 10절에서 3장 6절까지의 부분을 건너뛰어 2장 9절에서 바로 3장 7절로 넘어가 보라. 그러면 3장 7절의 '너희'가 누구를 가리키는지 좀 더 분명하게 보일 것이다. 〈말라기〉 3장 8절은 그러한 문맥 속에 자리하고 있다.

"사람이 어찌 하나님의 것을 도둑질하겠느냐 그러나 너희는 나의 것을 도둑질하고도 말하기를 우리가 어떻게 주의 것을 도둑질하였나이까 하도다 이는 곧 십일조와 헌물이라" 말라기 3:8, 개역한글

일반적으로 목회자들은 '하나님의 것' 또는 '나의 것'은 십일조를 의미하는 것이라고 해석하고, 십일조를 내지 않거나 분량에 미치지 못하는 십일조를 내는 것을 '도둑질'이라고 해석한다. 그런데 다음 구절에 "이는 십일조라" 하지 않고 "이는 십일조와 헌물이라"고 했다.

우리는 십일조뿐만 아니라 헌물이라는 말이 같이 나오고 있는 사실에 유의해야 한다. 십일조라는 말만 나왔으면 십일조는 원래 하나님의 것이라고 했으니 하나님의 것을 도둑질했다는 말은 십일조를 떼어먹었다는 식으로 해석할 수도 있다. 하지만 헌물은 그렇지 않다. 첫 열매를 제외한 대부분의 헌물은 십일조와 달리 하나님께 바쳐지고 나서야 비로소 하나님의 것이 되는 법이다.

원래 하나님의 것은 구별하여 드린다고도 하지 않는다 레위기 27:26 참조. 이미 구별되어 있기 때문이다. 일반 헌물인 경우에만 구별하여 드린다고 한다. 구별하여 드릴 때 그것은 거룩하여지며 하나님의 것이 된다.

그러므로 〈말라기〉 3장 8절의 십일조와 헌물은 이미 백성이 성

● 예수께서 율법을 완성하셨다(마태복음 5:17~19 참조). 구약의 십일조를 그대로 지켜야 한다면 그때처럼 해마다 각 절기의 제사 방법에 따라 성전에서 짐승을 잡아 각을 뜨고 불살라야 한다. 하지만 현재 그렇게 행하지 않는다. 그러면서 예수께서 폐하셨던 율법에서 굳이 십일조만을 강조하는 이유는 무엇일까? 왜 금기시하는 돼지고기는 즐겨 먹는 것일까? 복음은 상실한 채 강단에서 "십일조를 도둑질하지 마라"는 목회자들의 외침은 이제 없어져야 한다. 그렇게 외치는 목회자들이, 거룩한 체하는 목회자들이 뒤에서는 횡령과 탈세로 지면에 거론되면서 복음의 문을 막고 있지 않은가! 말라기 당시의 제사장들처럼 이익에 눈멀어 있어서는 안 된다.

전에 바친 것들로 보는 것이 타당하다. 한국교회에서 자주 쓰는 표현대로 백성이 십일조는 도둑질할 수 있다고 치더라도 헌물을 백성이 어떻게 도둑질할 수 있단 말인가! 헌물을 낼 때 속여서 내는 것을 가리켜 하나님의 것을 도둑질했다고 할 수 있는가! 한국교회에서도 십일조 이외의 헌금을 적게 냈다고 하나님의 것을 도둑질했다고는 하지는 않는다.

다시 말하면, 헌물은 원래부터 하나님의 것으로 구별된 것이 아니므로 헌물을 잘못 냈다 하여 하나님의 것을 도둑질했다고까지는 표현을 할 수 없다는 말이다. 그러므로 백성이 성전에 바쳐 하나님의 것이 된 십일조와 헌물을 제사장들이 도둑질했다고 보는 것이 이치에 맞다 할 수 있다.

제사장들이 헌물을 어떻게 도둑질하고 있는지 〈말라기〉 1장에 세세하게 나와 있다.

"**너희가 더러운 떡**을 나의 제단에 드리고도 말하기를 우리가 어떻게 주를 더럽게 하였나이까 하는도다 이는 너희가 여호와의 식탁은 경멸히 여길 것이라 말하기 때문이라 만군의 여호와가 이르노라 너희가 **눈 먼 희생제물**을 바치는 것이 어찌 악하지 아니하며 **저는 것, 병든 것**을 드리는 것이 어찌 악하지 아니하냐 이제 그것을 너희 총독에게 드려 보라 그가 너를 기뻐하겠으며 너를 받아 주겠느냐" 말라기 1:7~8

"만군의 여호와가 이르노라 너희가 또 말하기를 이 일이 얼마나 번거로운고 하며 코웃음치고 **훔친 물건과 저는 것, 병든 것**을 가져왔느니라 너희가 이같이 봉헌물을 가져오니 내가 그것을 너희 손에서 받겠느냐 이는 여호와의 말이니라 짐승 떼 가운데에 수컷이 있거늘 그 서원하는 일에 **흠 있는 것**으로 속여 내게 드리는 자는 저주를 받으리니 나는 큰 임금이요 내 이름은 이방 민족 중에서 두려워하는 것이 됨이니라 만군의 여호와의 말이니라" 말라기 1:13~14

위 구절에 나오는 더러운 떡이나 눈먼 희생제물, 저는 것, 병든 것, 훔친 물건 등은 물론 백성이 제사를 드리기 위해 가지고 온 것들이다. 이러한 점에서 백성도 하나님 앞에서 눈가림하며 하나님의 이름을 멸시하고 있다고 할 수 있다. 제사는 드려야겠는데 어차피 각을 뜨고 태워버릴 것이니, 눈먼 것이면 어떻고 저는 것이면 어떻고 병든 것이면 어떠랴 하는 심정으로 좋은 것들은 따로 남겨두고 흠 있는 것들을 가지고 왔다. 이러한 행위는 하나님의 계명에 분명히 어긋난다.

"그러나 그 짐승이 흠이 있어서 절거나 눈이 멀었거나 무슨 흠이 있으면 네 하나님 여호와께 잡아 드리지 못할지니" 신명기 15:21

그런데 이러한 떡이나 짐승들이 하나님께 드려지기 전까지는 아직은 하나님의 이름을 더럽히지 않는다는 점이다. 비록 백성이 이러한 것들을 가지고 왔어도 제사장들이 율법의 규례를 엄격히 적용하여 거부하면 백성도 죄를 짓지 않게 되고 제사장들도 죄를 짓지 않게 되는 것이다.

그러므로 문제는 전적으로 제사장에게 있다. 그들은 "이 일이 얼마나 번거로운고" 하며 제사행위 자체를 귀찮아하고 있다. 그런데 일일이 흠 있는 제물들을 골라내어 가리고자 하는 의욕이나 마음이 있겠는가! 그들에게는 대강 제사나 드리고 자기에게 돌아올 양식이나 돈만 챙기면 그만이라는 생각이 가득했다. 그래서 백성이 가지고 온 흠 있는 제물들을 눈감아주고 그것으로 제사를 드렸다.

본문에 '드린다'는 말이 많이 나오는데 드리는 주체는 어디까지나 제사장들이다. 백성은 하나님께 직접 드릴 권한이 없다. 백성은 제사장이 하나님께 드리도록 제물을 성전으로 가지고 왔을 뿐이다. 백성은 제사장이 자기들이 가지고 온 제물을 흠이 있다고 거부할 것을 걱정해 제사장에게 슬쩍 뇌물을 건네주었는지도 모른다.

아무리 그렇게 백성이 요령을 피워도 제사장은 하나님 앞에서 책임을 지고 거짓되고 흠 있는 제물은 단호히 거부했어야만 했다. 그러나 제사장들은 자신의 책무에 충실하지 않았다. 백성과 함께 공모하여 하나님의 눈을 속이고 하나님의 이름을 멸시하고 더럽히는 제사를 드렸다.

하나님의 것을 도둑질했다는 의미가 바로 이것이다. 흠 없는 제물이 하나님의 것이 되어야 하는데 흠 있는 것으로 슬쩍 대체해버렸으니 하나님의 것을 도둑질한 것이 아니고 무엇인가! 또한 도둑질의 주체는 어디까지나 제사장들이란 말이다.

다시 생각해 보자. 이 도둑질에 결정적인 역할을 한 자가 누구인가? 백성인가, 제사장들인가? 이제는 누구나 제사장들이라고 대답하지 않을 수 없을 것이다.

앞서 백성이 이미 바친 헌물을 '제사장들'이 도둑질했다고 한 이유가 이제는 수긍될 것이다. 제사장들이 실제로 헌물을 빼돌렸을 수도 있지만, 그것보다는 하나님의 것으로 온전히 드려야 제물을 사사로이 다루어 성의 없이 드림으로써 하나님에게 엄청난 손해를 끼쳤으니 하나님의 것을 도둑질한 것이 아니고 무엇인가!

자, 다시 한 번 〈말라기〉 본문을 읽어보자. 이제는 '너희'가 누구를 의미하며 본문의 뜻이 무엇인지 좀 더 분명해질 것이다.

"사람이 어찌 하나님의 것을 도둑질하겠느냐 그러나 너희는 나의 것을 도둑질하고도 말하기를 우리가 어떻게 주의 것을 도둑질하였나이까 하도다 이는 곧 십일조와 헌물이라" 말라기 3:8, 개역한글

"우리가 어떻게 주의 것을 도둑질하였나이까?" 하고 반문하는 제사장들의 심리가 이해가 되는가. 그러한 반문을 하는 이유가 무엇

일까? 백성은 결코 이러한 반문을 할 수가 없다. 왜냐하면 흠 있는 제물을 가지고 온 자신들의 죄를 너무나 잘 알고 있기 때문이다.

그러나 제사장들의 생각은 달랐다. 그들로서는 백성이 가지고 온 제물을 하나님께 드린 죄밖에 없다. "도둑질했으면 백성이 했지, 왜 우리더러 도둑질하였다고 합니까?" 하고 억울한 심정으로 항변을 할 만도 하다. 그러나 앞서도 말했듯이 하나님 편에서 볼 때는 도둑질의 주체가 어디까지나 제사장들이기 때문에 이러한 변명은 통하지 않는다.

이렇게 헌물을 도둑질하는 제사장들로 인해 하나님께서 얼마나 화가 나셨던지 다음과 같이 말씀하시고 있다.

"만군의 여호와가 이르노라 너희가 내 제단 위에 헛되이 불사르지 못하게 하기 위하여 너희 중에 성전 문을 닫을 자가 있었으면 좋겠도다 내가 너희를 기뻐하지 아니하며 너희가 손으로 드리는 것을 받지도 아니하리라" 말라기 1:10

"보라 내가 너희의 자손을 꾸짖을 것이요 똥 곧 너희 절기의 희생의 똥을 너희 얼굴에 바를 것이라 너희가 그것과 함께 제하여 버림을 당하리라" 말라기 2:3

이와 같이 제사장들에 대한 책망이 무섭게 이어져 오다가 갑자기 일반 백성에게로 그 책망을 돌린다는 것은 자유분방한 선지서의 문체를 염두에 둔다 하더라도 어색한 일이 아닐 수 없다. 그런데 사실은 히브리 원문에 보면 '하나님의 것'이니 '나의 것'이니 '주의 것'이니 하는 문구가 없다. 앞에서 말한 것도 '하나님의 것'이라는 문구를 전제로 한다면 이런 식으로 해석할 수도 있다는 점을 밝히기 위함이었다.

'하나님의 것', '나의 것', '주의 것' 식으로 번역해 놓는 바람에 십일조와 관련하여 오해가 더욱 증폭되었다고 할 수 있다. 왜냐하면 십일조는 원래 '하나님의 것'이라는 말을 신자들이 뼈에 사무치게 들어왔기 때문이다.

또한 도둑질에 해당하는 히브리어 단어 '카바 קבע'는 영어 '커버 cover'와 같은 뜻으로 '덮다', '속이다', '속여 빼앗다'는 뜻이다. 그래서《공동번역성경》에서는 "너희는 나를 속이면서도, '사람이 하느님을 속이다니요? 어떻게 하느님을 속이겠습니까?' 하는구나" 정도로 번역해 놓았다. 이렇게 번역해 놓으면 백성이 가지고 온 헌물로 제사장들이 어떻게 하나님을 속였는지 더욱 쉽게 설명을 할 수 있게 된다. 그런데《공동번역성경》은 그 다음 부분에서 헌물이라는 단어를 슬쩍 빼어버리고 전혀 다르게 번역해 놓고 있다. "소출에서 열의 하나를 바친다고 하면서도, 그대로 바치지 않으니 나를 속이는 것이 아니냐?"

이 번역이야말로 자의적인 번역이라 아니할 수 없다. 번역이 아

● **느헤미야** : BC 445년 경 이후 유다 지방을 다스렸던 느헤미야는 페르시아 왕 아닥사스다에게 신임받는 관리였다. 그는 문제가 생겼을 때 기도하며 철저한 준비를 했던 사람이었다. 또한 위협에도 타협하지 않았고, 다른 사람에게 모범을 보인 자이다(느헤미야 5:14~18). 백성에게 율법을 가르쳐 과거에 지은 죄를 철저히 회개하고 헌신하도록 하였다. 동시대의 에스라가 제사장으로서 영적인 부흥을 이끌었고, 말라기 선지자가 이를 도왔다고 본다면, 느헤미야는 정치적이고 실제적인 부분에서 주역이었다고 할 수 있다.

니라 자기 해석일 뿐이다. 또한 원문에 분명히 나와 있는 헌물이라는 단어를 빼버리는 것은 번역가로서는 할 수 없는 월권행위이다. 십일조를 떼어먹었다는 식으로 번역하려고 일부러 헌물이라는 단어를 빼버렸다고 볼 수밖에 없다. 다시 말하건대, 백성이 소출에서 열의 하나를 바친다고 하면서도 그대로 바치지 않음으로써 하나님을 속인 것이 아니라 백성이 바친 십일조와 헌물을 하나님께 드리는 과정에서 제사장들이 하나님을 속인 것이다.

말라기와 느헤미야의 고발

십일조에 대한 도둑질은 〈말라기〉에서는 구체적으로 나와 있지 않지만, 말라기 선지자와 같은 시대를 살았던 〈느헤미야〉 13장 4~10절에는 구체적으로 나와 있다.

백성이 레위인들에게 주라고 바친 십일조를 제사장들이 몽땅 빼돌리고 성전 창고를 텅 비게 한 사건이 거기에 기록되어 있다.

바벨론 포로에서 돌아와 BC 445년부터 BC 433년까지 12년 동안 유대 총독으로 재임한 느헤미야는 퇴락한 예루살렘 성을 보수하고 백성으로부터 십일조를 거두어 레위인과 제사장의 양식으로 성전의 곳간에 보관해두었다. 그런데 바벨론 왕 아닥사스다 32년에 느헤미야가 바벨론을 다녀오는 사이에 엘리아십이라고 하는 제사장이 성전 곳간에서 십일조를 비롯한 헌물들을 빼돌리고 그 방을 암몬 유력인사인 도비야가 쓰도록 내주었다.

성전 일을 섬기던 레위인들은 자기들에게 돌아올 십일조 양식을 얻지 못하게 되자 성전을 떠나 각자 고향으로 돌아가 버렸다. 바로 이즈음에 말라기 선지자가 일어나 활동하였다는 것이 학자들의 공통된 견해이다.

자, 사태가 이쯤 되면 백성 사이에서는 어떤 움직임이 일어나겠는가. 성전 일을 하다가 십일조 양식을 받지 못해 낙향한 레위인들을 각 성읍에서 보고 백성은 무슨 생각을 하겠는가. 요즈음같이 시민운동이 발달한 시대라면 십일조 거부 운동이 체계적으로 전개되지 않겠는가. 십일조 양식이 보관되어 있어야 할 성전 곳간에 십일조 양식은 온데간데없고 제사장의 친구인 암몬 유력인사의 방이 만들어져 있는데 어느 백성이 십일조를 선뜻 내려고 하겠는가.

말라기 시대에 백성이 십일조 내는 것을 게을리했다면 이번에도 마찬가지로 그것은 전적으로 제사장들의 책임이라 아니할 수 없다. 제사장들이 실제로 십일조를 빼돌리고 하나님의 것을 도둑질하였기 때문에 백성은 십일조를 낼 의욕도 없었고 내고 싶지도 않았다. 그러나 느헤미야 총독이 십일조를 조직적으로 걷기 위해 전

● **엘리아십** : 요야김의 아들로 느헤미야 시대의 대제사장이다. 그는 예루살렘 성벽의 양문을 재건할 때 제사장들을 지휘하였다. 하지만 그는 느헤미야의 적인 암몬 사람 도비야를 위하여 성전 뜰에 큰 방을 갖추어 주었다. 원래 그 방은 소제물과 유향과 기명과 레위인과 노래하는 자들과 문지기들에게 십일조로 주는 곡물과 새 포도주와 기름과 제사장들에게 주는 거제물을 두는 곳이었다. 이러한 용도의 방을 엘리아십은 자기 마음대로 내어줌으로써 성전을 더럽힌 죄를 범하였다.

국적으로 갖춰놓은 감독체제로 말미암아 백성은 십일조를 떼어먹는다는 것을 생각도 할 수 없었다.

"그 날에 사람을 세워 곳간을 맡기고 제사장들과 레위 사람들에게 돌릴 것 곧 율법에 정한 대로 거제물과 처음 익은 것과 십일조를 모든 성읍 밭에서 거두어 이 곳간에 쌓게 하였노니 이는 유다 사람이 섬기는 제사장들과 레위 사람들로 말미암아 즐거워하기 때문이라" 느헤미야 12:44

"레위 사람들이 십일조를 받을 때에는 아론의 자손 제사장 한 사람이 함께 있을 것이요 레위 사람들은 그 십일조의 십분의 일을 가져다가 우리 하나님의 전 곳간의 여러 방에 두되" 느헤미야 10:38

'십일조를 모든 성읍 밭에서 거두었다' 는 내용에 주의하기 바란다. 세금을 거두어들이듯이 십일조를 밭으로 직접 찾아가 징수하였다는 것을 알 수 있다. 돈으로 내는 십일조라면 얼마를 감출 수도 있겠지만, 밭의 소산은 그대로 드러나기 때문에 도무지 숨길 수가 없다. 그것이 아니라 해도, 느헤미야 총독이 예루살렘에 있을 때는 백성은 레위인과 제사장들을 기뻐하여 그들을 위하여 즐거운 마음으로 십일조를 바쳤다.

"스룹바벨 때와 느헤미야 때에는 온 이스라엘이 노래하는 자들과 문지기들에게 날마다 쓸 몫을 주되 그들이 성별한 것을 레위 사람들에게 주고 레위 사람들은 그것을 또 성별하여 아론 자손에게 주었느니라" 느헤미야 12:47

하지만 느헤미야가 없는 동안에 모든 것이 변하고 말았다. 백성은 울며 겨자 먹기로 십일조를 냈다. 내면서도 제사장들이 십일조를 빼돌릴 것을 생각하면 분노가 치밀어 오르지 않을 수 없었다. 비록 백성 중에 십일조를 내지 않거나 속여서 내는 자가 있다고 하더라도 그것은 제사장들의 죄악 때문에 그러했다고 해도 과언이 아니었다. 제사장들이 실제적으로도 십일조를 도둑질하였을 뿐 아니라 백성으로 하여금 십일조를 도둑질하도록 빌미를 마련해준 셈이었다.

예루살렘으로 돌아와 이 모든 사실을 알게 된 느헤미야는 심히 근심하고 분통해하며 도비야의 세간들을 그 방에서 다 내던지고 그 방에 원래 들어가 있어야 할 물품들을 들여놓았다. 그리고 전국의 레위인들을 다시 불러들여 성전 일을 섬기게 했다. 그러자 백성 가운데 새로운 기운이 일어났다.

"이에 온 유다가 곡식과 새 포도주와 기름의 십일조를 가져다가 곳간에 들이므로" 느헤미야 13:12

여기서 '온 유다'라는 문구를 볼 때 느헤미야의 개혁으로 백성이 다시금 일제히 분발하게 된 것을 알 수 있다. 백성은 이렇게 하나님 앞에서 바로 선 지도자가 이끌어줄 때 기꺼이 즐거운 마음으로 헌신하는 법이다.

느헤미야는 백성이 바친 십일조들을 빼돌리는 제사장들을 갈아치우고 셀레먀와 서기관 사독과 레위 사람 브다야를 곳간 지기로 삼아 십일조를 관리하도록 했다. 느헤미야가 그들을 보았을 때 "이는 저희가 충직한 자로 인정"되었기 때문이다느헤미야 13:13. 십일조 곳간을 맡아 충직하게 레위인들에게 양식을 분배하는 그들의 모습은 십일조를 빼돌려 착복한 엘리아십과 같은 제사장들과 크게 대조를 이룬다.

한국교회는 느헤미야 시대와는 달리 신자들의 십일조를 조직적인 감독체제로 거두지 않기 때문에 십일조가 제대로 걷히지 않고 있다. 제적 교인 3만 명을 자랑하는 어느 교회에서 목사가 광고하면서 교인 3만 명 중에 십일조 하는 사람은 1,800명 정도밖에 되지 않는다고 한탄하는 것을 들은 적이 있다. 그러면서 무기명으로 하는 사람도 있고 가족 이름으로 하는 사람도 있으니 2,000명 정도 될까 했다. 그렇다면 2만 8,000명은 십일조를 하지 않는 '수준 낮은' 신자들이라는 말이다.

이렇게 '십일조를 도둑질하는' 신자들이 많은 한국교회 상황을

〈말라기〉 3장 8절에다 자의적으로 대입하여 말씀을 해석하다 보니 말라기 당시의 시대상황과는 동떨어진 소리를 하게 된다.

이스라엘 역사를 참조하더라도 제사장들은 백성이 레위인들에게 준 십일조의 십일조로 살아가야 하는데, 그것으로는 욕심이 차지 않아 끊임없이 레위인들의 십일조에까지 손을 대는 것을 볼 수 있다. 이렇게 볼 때 〈말라기〉 3장 8절은 십일조와 헌물을 도둑질하는 제사장들에 대한 책망이라고 보는 것이 〈말라기〉서 문맥상으로도 맞고 그 시대상황과도 맞는다고 할 것이다.

보수적인 주석서 발간으로 유명한 미국의 에르드만스Eerdmans 사가 출간한 《A Commentary》에서 포셋A. R. Fausset 박사 역시 같은 견해로 말하고 있다. 법학자요 신학자인 그로티우스Grotius의 해석을 인용한 부분을 번역해보면 다음과 같다.

"제사장들은 우선 '첫 열매'들을 보수로 받을 수 있었다. 〈신명기〉 18장 4절을 보면 '또 네가 처음 거둔 곡식과 포도주와 기름과 네가 처음 깎은 양털을 네가 그에게 줄 것이니'라고 했다. 첫 열매는 대개 소산의 60분의 1 정도 되었다. 거기에 레위인들에게 돌려진 십일조의 10분 1을 또 받을 수 있었다.

그러나 그들은 모든 십일조all the tithes(《개역개정성경》에 '온전한 십일조'라고 번역된 문구이다 - 글쓴이 주)을 횡령하여 레위인들에게 돌아갈 십일조의 10분의 9까지 도둑질했다. 요세푸스에 의하면, 제사장들은 티투스Titus에 의

티투스의 승전 탑: 티투스는 베스파시아누스 황제의 아들로 유대 반란을 진압하고 예루살렘을 점령하는 데 공을 세웠으며, 콜로세움을 완성하고 평화를 정착하였다. 그 후 부조에서 보듯 그는 성전의 기물들을 약탈하였다. 뒷부분에 성스러운 '일곱 가지 촛대'가 보인다.

해 예루살렘이 멸망하기 전에도 그러한 짓을 하였다고 한다.

그리하여 하나님은 이중으로 도둑질을 당한 셈이 되었다. 제사장들은 자기들의 의무인 제사를 바르게 드리지 않았을 뿐 아니라 레위인들조차 하나님을 섬기지 못하도록 했다. 왜냐하면 레위인들은 십일조 양식을 받지 못해 뿔뿔이 흩어졌기 때문이다.

제사장들은 백성이 드리는 흠 있는 제물들을 눈감아 주었다 말라기 1:7~10, 13~14. 그것은 백성의 환심을 사서 어떤 제물이든지 자기들에게로 돌리기 위함이었다. 느헤미야가 아닥사스다 왕 32년에 예루살렘으로 돌아와서 우선하여 개혁의 대상으로 삼은 것이 바로 이러한 현상이었다 느헤미야 13:6~13." A. R. Fausset, 《A Commentary》, 2volume, Erdmans, p. 722.

그러나 다른 주석서들은 대개 일반적으로 백성에 대한 책망으로 이해하고 상식적인 해설만 달고 있다. 가령, 매튜 헨리 Mathew Henry 의 《성서주석 시리즈》를 보더라도 〈느헤미야〉 13장 4~10절 부분과 〈말라기〉 3장 8절을 연결하여 입체적으로 구성하지 못하고 있다. 〈느헤미야〉 13장 4~10절을 주석할 때는 분명히 다음과 같이 말하고 있다.

"그(엘리아십 제사장)는 도비야의 방을 마련하기 위해 성전에 쌓아둔 물건들을 치워버림으로써 그것들이 손실되고 파괴되어 허비되게 했으며 또 횡령했다. 비록 그것들이 '제사장들에게 돌려진 것'이었지만, 그는 도비야를 만족하게 해 주기 위해 그렇게 처분한 것이다. 이처럼 그는 말라기가 그 당시에 책망한 것과 같이 '레위의 언약을 파하였다' 말라기 2:8." 메튜 헨리, 《성서주석 시리즈 14》, 기독교문사, p. 290.

여기서 매튜 헨리는 제사장이 성전 곳간의 십일조와 헌물을 횡령한 것을 '레위의 언약을 파한 것'으로 이해하고 있다. 그러나 〈말라기〉 3장 8절 부분을 해설할 때는 〈느헤미야〉 13장 4~10절 주석 부분을 이끌어오지 않고 오히려 그 반대로 나아가고 있다.

"그들(백성)은 십일조와 헌물을 억류했다. 제사장들에게서 그것들을 사취했다. 자기들의 십일조를 바치려 하지 않았다." 메튜 헨리, 《성서주석 시리즈 30》, 기독교문사, p. 599.

백성이 제사장에게 돌아갈 십일조를 가로챘다고 함으로써 같은 시대의 사건을 논하는 〈느헤미야〉 13장 4~10절의 주석과는 방향이 달라졌다고 할 수 있다. 이러한 주석서들의 문제점들에 대해서는 말라기 해석과 관련하여 계속 논의하고자 한다.

포셋 박사도 말하고 있듯이, 유대 역사가 요세푸스에 의하면 앞

┃ **통곡의 벽** : 솔로몬 왕이 예루살렘에 장엄하고 아름다운 성전을 세웠으나 전쟁 등으로 파괴되고, 다시 헤롯왕이 예수 그리스도 시대에 재건했다. 그러나 예수가 죽은 이후 AD 70년에 티투스에 의해 예루살렘 성전은 파괴되고 많은 유대인이 죽었다. 이 같은 비극을 지켜보면서 유대인들은 통탄의 눈물을 흘렸다고 한다. 그래서 붙여진 이름이 '통곡의 벽'이다.

에서 살펴본 제사장들의 죄악은 AD 70년 성전이 돌 위에 돌 하나도 남지 않고 파괴되기 직전까지 자행되었다고 한다.

"아그립바 왕이 파비의 아들 이스마엘을 대제사장으로 임명한 것이 바로 이때였다. 이에 대제사장들과 예루살렘의 유력인사들 사이에 충돌이 일어났다. 이들은 반역을 좋아하는 무리들을 규합하여 두목 노릇을 했다. 이들은 서로 비난과 욕설을 퍼붓는 한편 투석전을 벌였다. 그러나 아무도 이들을 책망할 사람이 없었다. 게다가 대제사장들은 종들을 타작마당에 내보내 제사장(레위인)들이 차지해야 할 **10분의 1**을 강탈할 정도로 추악한 짓을 서슴지 않았다. 따라서 가난한 제사장(레위인)들이 굶어 죽었다는 풍문까지 떠돌 정도였다. 이것을 볼 때 당시 예루살렘의 혼란과 부패가 어느 정도였는가를 쉽게 짐작할 수가 있다." 요세푸스,《요세푸스 제2권》, 김지찬 옮김, 생명의말씀사, 1998, p. 651.

"한편 알비누스는 예루살렘에 도착하자마자 많은 시카리를 살해하여 유대국의 질서를 회복하려고 온갖 애를 썼다. 한편 대제사장 아나니아스는 날이 갈수록 백성의 존경과 사랑을 받게 되었을 뿐 아니라 그 영화가 하늘을 찌를 정도가 되었다. 아나니아스는 선물을 바침으로써 알

비누스와 대제사장(예수)과의 교분을 두텁게 할 수가 있었다. 아나니아스의 종들은 매우 악했다. 그들은 사악한 부류의 유대인들과 합세하여 타작마당을 돌아다니며 제사장(레위인)들에게 바칠 **10분의 1**을 강제로 탈취하는 한편 말을 듣지 않는 자들은 심지어 때리기까지 했다. 이에 다른 대제사장들도 마찬가지로 비행을 저지르기 시작했는데 이들을 저지할 만한 사람이 아무도 없었다. 따라서 **십일조**로 생활을 의존해오던 제사장(레위인)들 중 (일부는) 먹을 것이 없어 굶어 죽기도 했다." 요세푸스, 《요세푸스 제2권》, 김시신 옮김, 생명의말씀사, 1008, p. 655

● **현장 고발** : 어떤 목사는 전체 교인의 십일조 헌금 10퍼센트가 자신의 것이라고 말했다. 그는 서울중앙지검 조사부로부터 특정경제범죄가중처벌법상 횡령 혐의로 불구속 기소됐다. 그가 착복한 내용을 보면 교회 수련원을 자신의 명의로 돌려 세를 주고, 은퇴 선물로 경기도에 있는 아파트와 서울에 사무실을 샀다고 한다. 이렇듯 올바르지 못한 목회자들이 교인들이 낸 십일조로 자기 배를 채우고 그 남는 돈으로 갖가지 명목으로 종교 활동을 벌이면서 자신들이 한 것인 양 선전한다. 이들은 《성경》 말씀을 대며 교인들을 현혹하여 자기 행위를 정당화한다.

대제사장들이 종들을 백성의 타작마당으로 보내 레위인들에게로 돌아갈 십일조를 미리 강탈해 가는 이러한 만행은 제사장들이 성전 창고에 들어온 십일조들을 빼돌리는 말라기 시대의 죄악보다 더 심하다고 할 수 있다. 말라기 시대의 제사장들은 십일조 도둑들이라고 한다면 요세푸스 당시의 대제사장들은 십일조 강도들이라고 할 수 있다.

말라기 시대 제사장들의 죄악은 마치 우리나라에서 백성이 꼬박꼬박 낸 세금을 공무원과 고위 관리들이 착복하고 다른 데 유용하는 상황과 비슷하다 할 것이다. 신자들이 정성 들여 낸 헌금을 자기 것인 양 착각하고 당회를 조종하여 자기 뜻대로 쓰거나 자기 사업에 빼돌리는 목회자들도 여기에 해당한다. 십일조를 강조하면서도 정작 십일조라는 명목으로 들어온 헌금을 십일조 정신과는 상관이 없는 전혀 엉뚱한 곳에 써버리는 행위야말로 하나님의 것을 도둑질하는 짓이요 하나님을 속이는 짓이다.

〈말라기〉 3장 9절에 "너희 곧 온 나라가 나의 것을 도둑질하였으므로 너희가 저주를 받았느니라"는 구절이 있다. 여기서 '온 나라'라는 문구 때문에 이 구절은 십일조를 내지 않는 백성을 꾸짖는 것이라고 해석하기 쉽다. 《공동번역성경》은 "이 천벌 받을 것들아, 너희 백성은 모두 나를 속이고 있다"라고 번역하고 있다. 이 번역은 다소 거칠기는 하지만, 그래도 히브리 문장 구조를 따라가려고 노력한 흔적이 보인다. 히브리 원문을 보면, "너희가 저주를 받았느니라" 하는 문장이 먼저 나오고, 그 다음 저주를 받은 원인에 대한 언급이 이어지고 있다.

그리고 '너희'는 앞에서 살펴본 바와 같이 제사장들을 가리킨다고 보는 것이 타당하다. '너희 곧 온 나라가' 식의 번역을 고집한다면, 제사장들이 죄를 범함으로써 온 나라 백성이 죄를 짓게 되었다고 해석하면 된다. 제사장이 죄를 지었을 때 온 백성으로 하여금 죄를 짓게 했다고 꾸짖는 하나님의 음성을 〈말라기〉에서도 듣고 다른 구약성경에서도 우리는 많이 듣고 있다.

그런데 '온 나라'에 해당하는 '콜 고이 כל גוי' 혹은 '고이 콜 גוי כל'의 '고이 גוי'는 백성을 뜻하는 '암 עם'이라는 단어와 대조적으로 주로 이방인을 가리킬 때 쓰이는 경멸조의 말이다. 그래서 짐승이라는 말과 같이 쓰이거나 할 때는 무리라는 뜻으로 쓰인다. 〈스바냐〉 2장 14절에도 '콜 고이 כל גוי'가 나오는데 그곳에서는 어떻게 해석되어 있나 살펴보자.

"**각종** 짐승이 그 가운데에 떼로 누울 것이며 당아와 고슴도치가 그 기둥 꼭대기에 깃들이고"

여기서 '콜 고이 כל גוי'는 '각종'으로 해석되어 있다. 지금 제사장들이 하나님의 것을 빼돌리는 도둑들로 전락한 상황에서 '콜 고이 כל גוי'가 어떤 의미로 쓰였는지는 짐작할 만하다. 그래서 '너희 곧 온 나라가'는 '너희 온 무리가' 정도로 해석해도 되는 문장이다. 그러므로 여기서 '너희'가 제사장을 가리킨다는 사실이 더욱 분명해진다. 사실 히브리 문장 구조로 볼 때는 '너희 곧 온 나라가' 식으로 동격을 가리키는 '곧'을 넣는 것은 억지스러운 점이 있다.

3장 9절에서도 '나의 것'이라는 문구가 있어 십일조를 떼어먹었다는 식으로 오해하기 쉽다. 3장 8절을 해석할 때도 말했듯이, 히브리 원문에는 '나의 것'이라는 문구가 없다. '나의 것을 도둑질하였다'는 '나를 속여 빼돌렸다'는 의미로 보면 될 것이다. 무엇보다 3장 9절의 저주는 1장 14절과 2장 2절의 저주와 맥을 같이 하고 있다.

"짐승 떼 가운데에 수컷이 있거늘 그 서원하는 일에 흠 있는 것으로 속여 내게 드리는 자는 **저주를 받으리니**"말라기 1:14

"너희 제사장들아 이제 너희에게 이같이 명령하노라 만군의 여호와가 이르노라 너희가 만일 듣지 아니하며 마음에 두지 아니하여 내 이름을 영화롭게 하지 아니하면 내가 너희에게 **저주를 내려** 너희의 복을 **저주하리라** 내가 이미 **저주하였나니** 이는 너희가 그것을 마음에 두지 아니하였음이라"말라기 2:1~2

1장 14절과 2장 2절에서는 제사장들이 저주를 받았다고 분명히 선포하고 있다. 물론 백성이 흠 있는 제물을 가져와 속이려고 한다. 그러나 최종적으로 제물을 제단에 드리는 제사장이 그 흠 있는 제물을 눈감아준다면 그것은 백성으로 하여금 죄를 짓게 하는 것이며 여호와의 이름을 멸시하는 행위로 저주를 받아 마땅하다. 2장 7~8절은 이러한 제사장의 책임을 엄숙한 어조로 강조하고 있다.

"제사장의 입술은 지식을 지켜야 하겠고 사람들은 그의 입에서 율법을 구하게 되어야 할 것이니 제사장은 만군의 여호와의 사자가 됨이거늘 너희는 옳은 길에서 떠나 많은 사람을 율법에 거스르게 하는도다 나 만군의 여호와가 이르노니 너희가 레위의 언약을 깨뜨렸느니라"말라기 2:7~8

이쯤 되면 3장 8~10절이 제사장에 대한 책망이냐, 일반 백성에 대한 책망이냐 하는 논쟁 자체가 별 의미가 없게 된다. 백성의 죄악은 전적으로 제사장들의 책임이 되는데, 그 이유는 제사장은 그 입술의 지식으로 백성을 가르쳐 율법에 거치지 않게 해야 할 막중한 책무가 있기 때문이다.

그러므로 백성이 하나님의 뜻을 거스를 때 제사장은 백성을 대표하여 저주를 받아야 하는 법이다. 이것이 제사장들을 책망하고 있는 말라기 말씀들의 비밀인 셈이다.

결국 제사장들이 주범主犯이 되고 백성이 종범從犯이 된 범죄행위에 대한 책망인 셈인데, 이 구절은 백성에 대한 책망이고 저 구절은 제사장에 대한 책망이라는 식으로 구분하는 것 자체가 우스운 일이다.

십일조시대는 지났다

〈말라기〉 3장 10절은 십일조와 관련하여 한국교회에서 가장 많이 선포되는 말씀이다. 그래서 대부분의 신자가 암송하고 있을 정도이다.

"만군의 여호와가 이르노라 **너희의 온전한 십일조**를 창고에 들여 나의 집에 양식이 있게 하고 그것으로 나를 시험하여 내가 하늘 문을 열고 너희에게 복을 쌓을 곳이 없도록 붓지 아니하나 보라" 말라기 3:10, 개역한글

여기서 늘 문제가 되는 문구는 '너희의 온전한 십일조' 이다. 특히 '너희의' 라는 소유격이 십일조 앞에 붙어 있어 개인이 내는 십일조로 오해하도록 유도하고 있다. 그런데 히브리 원문을 보면 소유격이 아니라 '너희는' 이라고 주격으로 번역해야 한다는 것을 알 수 있다. 《공동번역성경》도 이 구절만큼은 그렇게 번역하고 있다.

그 다음 '온전한 십일조' 라는 구절이다. 대개 '온전한' 을 '완전한' 으로 오해하여 분량을 다 채운 십일조로 해석을 한다. 그래서 이 구절을 대할 때마다 신자들은 자기가 내는 십일조가 합당한 분량에 미치는 것인지 돌아보게 된다. 하지만 누구도 분량을 다 채운 십일조를 낸다고 자신할 수 없다. 왜냐하면 지금의 십일조는 토지 소산과 가축의 십일조를 내는 구약시대의 그것과 달리, 바리새인의 전통을 따라 '모든' 소득의 십일조를 강요하고 있기 때문이다.

토지소산의 십일조인 경우에도 서두에서 말했듯이 소산물의 특성상 정확하게 계량하기란 불가능하다고 할 수 있다. 하물며 '모든' 소득의 십일조를 계산함에 있어서는 더욱 그러할 것이다.

어떤 목사나 장로도 소위 '온전한' 십일조를 낸다고 자신할 수 없다. 그리고 들어오는 모든 돈을 소득으로 보아야 하는지, 그 돈

을 벌기 위해 들어갔던 필요경비는 어떻게 처리해야 하는지, 다시 말해 무엇을 소득으로 보아야 하는지 객관적으로 기준을 정하기도 쉽지 않다.

어떤 목사는 《십일조 내는 법》이라는 두꺼운 책을 내어 그 기준을 정해보려고 노력했다. 그 책을 보니 봉급생활자가 십일조 내는 법, 자영업자가 십일조 내는 법, 자유직업가가 십일조 내는 법 등으로 세분되어 있었다. 세무공무원이 참조하는 세법보다도 더 복잡하고 혼란스러웠다.

그것은 예수 시대에 바리새인들이 '안식일 지키는 법'이라는 수백 가지 규정을 만들어 백성에게 강요하던 것과 조금도 다를 바 없었다.

안식일에 일해서는 안 되는데, 그러면 일은 무엇인가? 일의 종류에는 크게 나누어 39가지가 있다. 알파벳 두 자를 쓸 정도의 잉크나 눈의 고약을 씻을 정도의 물, 태어난 지 하루밖에 되지 않은 갓난아기의 새끼발가락에 바를 만큼의 기름, 새를 보고 던질 정도의 작은 돌 등등을 옮기는 것은 일이다. 이런 식으로 안식일에 해서는 안 되는 일의 종류가 끝도 없이 열거되어 있다.

고단한 노동에 시달리는 인생들을 하루라도 편히 쉬게 하려고 하나님께서 베풀어주신 안식일이 오히려 백성에게 족쇄가 되고 있었다. 그래서 예수께서는 "또 이르시되 안식일이 사람을 위하여 있는 것이요 사람이 안식일을 위하여 있는 것이 아니니"마가복음 2:27

라고 그 당시로서는 폭탄선언에 해당하는 말씀을 하셨다.

십일조도 마찬가지이다. 공동체 가운데서 어려운 사람들을 돌보며 서로 이웃사랑을 나누라는, 참으로 좋은 뜻으로 제정된 십일조가 '안식일을 지키는 법'처럼 그 본래 취지를 벗어나 수백 가지 형식적인 규정으로 변질하고 만 것이다. 예수께서 안식일에 관하여 하셨던 말씀을 십일조에도 그대로 적용할 수 있다. "십일조는 사람을 위하여 있는 것이요 사람이 십일조를 위하여 있는 것이 아니다."

그러므로 《십일조 내는 법》 같은 책들은 오히려 이러한 것이 십일조가 아닌데 하는 생각만 불러일으킨다. 더 나아가 그러한 책들을 읽고 있으면, 이런 식의 십일조는 율법과 다를 것이 뭐 있는가, 이제는 십일조시대가 지났구나 하는 확신을 더욱 가지게 한다. 목사나 장로도 제대로 지킬 수 없는 십일조를 평신도들에게 강요하는 것은 율법사들에게 하신 예수의 책망을 들을 만한 일이다.

"이르시되 화 있을진저 또 너희 율법교사여 지기 어려운 짐을 사람에게 지우고 너희는 한 손가락도 이 짐에 대지 않는도다" 누가복음 11:46

다시 말해 소위 '온전한' 십일조 앞에 아무도 떳떳하게 설 수 없다는 말이다. 그래서 어떤 신자는 십이조, 십삼조를 함으로써 혹시 다 채우지 못했을 십일조 분량을 채워보려는 웃지 못할 상황이 벌어지기도 한다.

　구약성경에서는 토지소산과 가축의 십일조만이 여호와의 것으로 거룩하다고 하였지, 십이조, 십삼조가 여호와의 것이라고 말씀하신 적은 한 번도 없다. 구약성경에 따르면 십이조, 십삼조는 하나님의 것이 아니므로 절대 바쳐서는 안 된다. 그래서 구약성경에서는 아무리 신앙이 좋은 사람도 십일조 이상을 바쳤다는 기록이 없다. 십이조, 십삼조를 바치는 것은 율법에 의하면 부정한 물건을 바치는 것에 해당한다.

　목회자들이 록펠러와 카네기의 예를 들면서 그들은 십일조가 아니라 십오조, 십구조를 바침으로써 큰 복을 받았다고 하는데 구약성경의 관점으로 보면 록펠러와 카네기는 여호와께 부정한 물건을 바친 셈이 된다. 무엇보다 목회자들이 그러한 예화를 들고 있다는 것은 자기들 스스로 십일조시대가 지났음을 선포하고 있는 것과 다름없다. 십일조시대가 지났기에 망정이지 그렇지 않았더라면 록펠러와 카네기는 큰 복은 고사하고 부정한 제사 때문에 저주를 받을 뻔했다.

　문제는 '너희의 온전한 십일조'라고 자의적인 번역을 해놓은 데 있다. '온전한'에 해당하는 히브리어 '콜 כל'은 9절에서도 살펴보았듯이 단순히 '모든'이라는 뜻이 있을 뿐이다. '콜 כל'이 분량을 다 채우는 뜻으로 쓰인 예는 구약성경에서

● **록펠러** : 록펠러는 목회자들이 이구동성으로 십일조를 하여 엄청난 부자가 되었다고 말한다. 이는 그의 어머니가 록펠러에게 십일조 교육을 철저하게 가르쳤기 때문이라고 한다. 하지만 그를 아는 사람은 그렇게 말하지 않는다. 그에 대하여 말하기를, 잔혹한 자본가라고 한다. 불법으로 석유 사업을 독과점해 무수한 기업을 희생시키고 노동자와 소비자를 착취하여 부를 축적했다. 그래서 루스벨트 대통령은 "그가 얼마나 선행을 하든지 재산을 쌓기 위해 저지른 악행을 갚을 수는 없다"고 말했다. 이러한 사람을 목회자들은 그가 십일조를 하여 축복을 받았다고만 말하지, 그가 어떤 만행을 저지르며 부를 축적했는지는 말하지 않는다.

한 군데도 없다.

세계적 권위의 《히브리어 사전 Gesenius's Hebrew and Chaldee Lexicon to the Old Testament Scriptures》(Baker Book House)을 샅샅이 훑어도 그러한 용례는 찾아볼 수 없다.

그래서 어떤 사람은 '너희가 모두 십일조를 창고에 들여' 식으로 번역을 시도해보기도 하지만, 그것은 〈말라기〉 3장 10절이 일반 백성에 대한 책망이라는 고정관념에서 비롯된 억지 해석일 뿐이다.

'온전한 십일조'는 히브리어 구조로 보면 '콜 יי + 정관사가 붙은 집합단수' 형태를 하고 있다. 그러므로 '온전한 십일조'는 '모든 십일조'라고 번역해야 복수 주격과도 맞고 전체적인 문맥과도 통한다. 《뉴킹제임스영어성경》에서는 'all the tithes(모든 십일조)'라고 번역해 놓았다.

다시 말하면, "너희 제사장들아, 백성이 바친 십일조를 빼돌리지 말고 '모든 십일조'를 창고(십일조를 보관하는 성전 곳간)에 들이라"는 말이다. 그리하여 여호와의 집에 양식이 있게 하라는 말이다.

여기서 양식은 말할 것도 없이 레위인들과 나그네와 고아와 과부들에게 나눠줄 양식이다. 십일조 양식이 원래대로 쓰이도록 준비해놓으라는 말씀이다. 하나님이 먹을 양식이 없어 나의 집에 양식이 있게 하라고 했겠는가. 하나님은 제사장들이 자기 욕심을 채우는 데 급급하지 말고 양식이 필요한 사람들을 돌아보는 마음으로 백성이 바친 십일조를 정직하게 처리하라고 하신 것이다. 포셋 박사도 이 구절을 주석하면서 다음과 같이 말하고 있다.

"하나님 집의 곳간 관리를 책임 맡은 제사장 엘리아십이 도비야와 친해져 느헤미야가 없는 사이에 그 곳간을 도비야가 사용하도록 내주었다. 그 곳간은 레위인들에게 지급될 십일조가 쌓여 있어야 할 창고였다. 여기서 말라기는 느헤미야의 단호한 개혁을 지지하고 있는 셈인데, 그 개혁은 **하나님의 창고를 회복시켜** 본래대로 쓰이도록 하는 것이었다. 느헤미야는 도비야의 세간을 그 방 밖으로 다 내던졌다느헤미야 13:4~12. 그리하여 온 유다가 곡식과 새 포도주와 기름의 십일조를 가져다가 곳간에 드리게 되었다." A. R. Fausset, 《A Commentary》, 30volume, Erdmans, p. 723.

그러니까 포셋 박사는 '하나님 집의 창고의 회복'이라는 관점에서 〈말라기〉 3장 10절을 보고 있음을 알 수 있다. "너희 제사장들아, 백성의 모든 십일조를 창고에 들여 나의 창고를 본래대로 회복하라."

그리고 다음으로 문제가 되는 것이 '그것으로'라는 문구이다. 일반적으로 목회자들은 '그것'을 십일조로 해석한다. 온전한 십일조를 내어 하나님이 축복을 주시나, 안 주시나 시험을 해보라는 식으로 말하며 《성경》에서 하나님을 시험해보라는 말씀은 여기밖에 없다고 목청을 높인다.

이러한 목회자들의 해석을 기초로 하여 《공동번역성경》은 《개역한글성경》보다 한 단계 더 나아가 번역이 아닌 자기 해석을 또 해 놓고 있다.

"너희는 열의 하나를 바칠 때, 조금도 덜지 말고 성전 곳간에 가져다 넣어 내 집 양식으로 쓰게 하여라."

물론 이것은 잘못 오해한 오역이다. 하지만 이제 '그것으로'가 무엇을 의미하는지 분명해졌다. '그것'은 십일조를 의미하는 것이 아니라 백성이 바친 십일조를 빼돌리지 않고 정직하게 처리하는 것을 뜻한다. 온전한 십일조를 내기 때문에 복을 주시겠다는 것이 아니라 백성이 바친 십일조를 정직하게 다루는 그 마음 중심을 보시고 복을 주시겠다는 것이다. 바로 이러한 마음이 되도록 하나님께서는 "그런즉 내게로 돌아오라 그리하면 나도 너희에게로 돌아가리라" 말라기 3:7고 제사장들을 향해 안타깝게 외치신 것이다.

물론 제사장들이 모든 십일조를 창고에 들이기 위해서는 백성이 또한 정직하게 십일조를 가지고 와야 한다. 그러므로 〈말라기〉 3장 10절은 제사장과 백성이 공동으로 뜻을 합하고 힘을 합해야만 이룰 수 있는 말씀인 셈이다.

이와 함께 "나를 시험하여"라는 문구에 대하여도 오해가 있다.

시험에 해당하는 히브리어 '빠한 בחן'은 곧이어 〈말라기〉 3장 15절에서도 사용되고 있는데, 이 단어는 긍정적인 의미와 부정적인 의미 두 가지로 쓰이고 있다. 긍정적인 의미라는 것은 상대방의 좋은 점을 알아보는 것을 뜻하고, 부정적인 의미라는 것은 상대방의 나쁜 점을 알아보는 것을 뜻한다.

헬라어에서는 똑같은 시험이라도 긍정적인 시험은 '도키마조 $\delta o \kappa \iota \mu a \zeta \omega$', 부정적인 시험은 '페이라조 $\pi \epsilon \iota \rho a \zeta \omega$'라고 하여 구분하기도 한다. 헬라어식으로 말하면 3장 10절의 시험은 도키마조이고 3장 15절의 시험은 페이라조인 셈이다. 이렇게 시험이라는 단어가 쓰이는 용도가 다른데, 하나님을 시험해보라는 말이 십일조와 관련하여 여기밖에 없다고 강조하는 것은 난센스에 불과하다.

또한 "복을 쌓을 곳이 없도록 붓지 아니하나 보라"에서 "쌓을 곳이 없도록"이라는 구절도 자의적인 번역이라 아니할 수 없다. 원래 《개역한글성경》에는 '쌓을'이라는 말은 원문에 없다는 뜻으로 아주 작은 글씨로 써놓았다.

《히브리어 사전》은 이 구절을 "복이 다할 때까지"로 해석한다. 하나님의 복은 다하는 법이 없으므로 '영원히' 정도로 이해하면 된다고 했다. 그러므로 〈말라기〉 3장 10절은 영원히 복을 부어주시겠다는 약속으로 보면 될 것이다.

'십일조를 바치면 복을 쌓을 곳이 없도록 부어주신다'는 식으로 너무 과장되게 강조하여 신자들에게 헛된 기대를 품도록 유도하는

• 한국교회가 신음하고 있다. 복음의 꽃을 피워야 하는 데 신자들의 헌금으로 목회자들의 지갑이 채워지고 있다. 보편적으로 재적 교인수 100명의 헌금이 1억 원이라고 한다면 그 이상인 교회들의 일 년 헌금은 상상을 초월한다. 전체 개신교수가 861만 명으로(2005년 통계청 자료) 하여 계산하면 대략 8조 6,100억 원이 한국교회 일 년 헌금이 된다. 이 천문학적인 돈이 과연 어디로 흘러들어 갈까? 물론 투명하게 재정을 공개하는 건실한 교회들도 있다. 그러나 그렇지 못한 교회의 신자들은 자신들이 내는 헌금이 어디에 쓰이는지도 모른다. 대부분이 담임목사의 재정 독점으로 사용되고 있다. 이러한 사람들은 말라기의 선포에 귀를 기울여야 한다. "나의 것을 도둑질하였으므로 너희가 저주를 받았느니라"〈말라기 3:9〉

것은 삼가야 할 것이다. 물질적인 축복이 있든 없든 어려운 사람들을 돌보는 일은 너무도 당연한 신자의 의무라는 사실을 심어나가야 할 것이다. 그 다음 복을 주시는 일은 하나님께 맡길 따름이다.

그러한 의미에서, 십일조를 바치니 이러이러한 물질적인 축복을 받았다는 식의 간증은 이제 지양되어야 할 것이다. 그것은 대개의 경우 〈말라기〉 3장 8~10절을 잘못 이해한 목회자들의 강력한 메시지를 신자들이 '믿음'으로 받아들인 결과이기 때문이다. 그리고 무엇보다 "너는 구제할 때에 오른손이 하는 것을 왼손이 모르게 하여 네 구제함을 은밀하게 하라"〈마태복음 6:3~4〉는 주님의 말씀에도 어긋난다. 십일조 정신은 어디까지나 구제와 나눔의 정신이기에 그러하다.

다시 말하건대, 〈말라기〉 3장 10절은 십일조를 복 주는 말씀이 아니라 맡겨진 물질을 하나님 앞에서 정직하게 다루는 마음을 복 주는 말씀이다. 이 말씀은 일반 평신도에게 주어진 말씀이라기보다 헌금을 다루는 목회자들에게 주어진 경고인 셈이다. 목회자들이여, 이 말씀 앞에서 얼마나 두려워하며 떨어야 하는가! 그렇지 않으면 〈말라기〉 3장 9절처럼 저주를 받으리라.

여기서 〈말라기〉 3장 10절과 〈누가복음〉 6장 38절 상반절과의 관계를 짚어보고 넘어가는 것이 좋겠다.

"만군의 여호와가 이르노라 너희의 온전한 십일조를 창고에 들여 나의 집에 양식이 있게 하고 그것으로 나를 시험하여 내가 하늘 문을 열고 너희에게 복을 쌓을 곳이 없도록 붓지 아니하나 보라" 말라기 3:10

"**주라** 그리하면 너희에게 줄 것이니 곧 후히 되어 누르고 흔들어 넘치도록 하여 너희에게 안겨 주리라 너희가 헤아리는 그 헤아림으로 너희도 헤아림을 도로 받을 것이니라" 누가복음 6:38

이 두 말씀은 물질적인 축복을 암시하는 약속을 지니고 있는 것이 공통점이다. 그런데 지금까지는 〈말라기〉 3장 10절은 십일조에 대한 축복의 말씀으로, 〈누가복음〉 6장 38절 상반절은 주는 생활에 대한 축복의 말씀으로 따로 생각하는 경향이 있었다. 그러나 〈말라기〉 3장 10절을 이상과 같이 해석하게 되면 〈누가복음〉 6장 38절 상반절과 그대로 연결됨을 알 수 있다. "나의 집에 양식이 있게 하고"는 "주라"는 말씀과 연결된다.

이제 〈말라기〉 3장 10절의 약속의 말씀은 〈누가복음〉 6장 38절 상반절 말씀으로 대체되는 것이 낫겠다. 왜냐하면 〈말라기〉 3장 10절은 십일조와 관련하여 오해를 불러일으키기 쉬운 말씀이고, 그 이유로 번역까지 자의적으로 되어 있기 때문이다.

그동안 대부분의 한국교회는 〈말라기〉 3장 10절을 기초로 십일조와 헌금을 강조하느라고 주는 생활에 대한 설교가 미미했다. 그 모습은 마치 이웃사랑을 실천하기 위해 주는 생활을 하게 되면, 교회에 바치는 헌금들이 줄어들까 두려워하고 있지 않은가 의심이 갈 정도였다. 어떤 교회는 주는 생활은 교회가 알아서 할 터이니 그러한 돈이 있으면 일단 헌금부터 하라는 식으로 설교하기도 한다.

하지만 《성경》의 중심 메시지는 어디까지나 우리 개인이 어려운 이웃에게 주는 생활을 하라는 것이다. 예수께서는 "너희 모든 소유를 팔아 가난한 자들에게 주라"는 말씀을 되풀이하셨다.

한국교회는 이제 〈누가복음〉 6장 38절을 기초로, 주는 생활에 관한 설교를 회복하여야 할 것이다. '바치라, 그러면 복 받는다'는 식의 설교보다는 '주라, 그리하면 너희에게 안겨 주리라'는 말씀을 선포해야 할 것이다. 실생활에서 어려운 이웃들을 돌보도록 관심의 방향을 180도로 돌려놓아야 할 것이다.

물론 교회를 통해 주는 생활을 실천할 수도 있지만, 인격적인 관계성 속에서 개인적인 차원에서 이웃을 도울 때 주는 **생활의 진정한 기쁨**을 더욱 맛볼 수 있는 법이다.

이러한 방향으로 나가는 교회 역시 결코 손해를 보지 않고 오히려 "후히 되어 누르고 흔들어 넘치도록 하여 안겨주는" 축복을 신자들과 더불어 받게 될 것이다.

의 관계를 짚어보고 넘어가는 것이 좋겠다.

"만군의 여호와가 이르노라 너희의 온전한 십일조를 창고에 들여 나의 집에 양식이 있게 하고 그것으로 나를 시험하여 내가 하늘 문을 열고 너희에게 복을 쌓을 곳이 없도록 붓지 아니하나 보라" 말라기 3:10

"**주라** 그리하면 너희에게 줄 것이니 곧 후히 되어 누르고 흔들어 넘치도록 하여 너희에게 안겨 주리라 너희가 헤아리는 그 헤아림으로 너희도 헤아림을 도로 받을 것이니라" 누가복음 6:38

 이 두 말씀은 물질적인 축복을 암시하는 약속을 지니고 있는 것이 공통점이다. 그런데 지금까지는 〈말라기〉 3장 10절은 십일조에 대한 축복의 말씀으로, 〈누가복음〉 6장 38절 상반절은 주는 생활에 대한 축복의 말씀으로 따로 생각하는 경향이 있었다. 그러나 〈말라기〉 3장 10절을 이상과 같이 해석하게 되면 〈누가복음〉 6장 38절 상반절과 그대로 연결됨을 알 수 있다. "나의 집에 양식이 있게 하고"는 "주라"는 말씀과 연결된다.
 이제 〈말라기〉 3장 10절의 약속의 말씀은 〈누가복음〉 6장 38절 상반절 말씀으로 대체되는 것이 낫겠다. 왜냐하면 〈말라기〉 3장 10절은 십일조와 관련하여 오해를 불러일으키기 쉬운 말씀이고, 그 이유로 번역까지 자의적으로 되어 있기 때문이다.

그동안 대부분의 한국교회는 〈말라기〉 3장 10절을 기초로 십일조와 헌금을 강조하느라고 주는 생활에 대한 설교가 미미했다. 그 모습은 마치 이웃사랑을 실천하기 위해 주는 생활을 하게 되면, 교회에 바치는 헌금들이 줄어들까 두려워하고 있지 않은가 의심이 갈 정도였다. 어떤 교회는 주는 생활은 교회가 알아서 할 터이니 그러한 돈이 있으면 일단 헌금부터 하라는 식으로 설교하기도 한다.

하지만 《성경》의 중심 메시지는 어디까지나 우리 개인이 어려운 이웃에게 주는 생활을 하라는 것이다. 예수께서는 "너희 모든 소유를 팔아 가난한 자들에게 주라"는 말씀을 되풀이하셨다.

한국교회는 이제 〈누가복음〉 6장 38절을 기초로, 주는 생활에 관한 설교를 회복하여야 할 것이다. '바치라, 그러면 복 받는다'는 식의 설교보다는 '주라, 그리하면 너희에게 안겨 주리라'는 말씀을 선포해야 할 것이다. 실생활에서 어려운 이웃들을 돌보도록 관심의 방향을 180도로 돌려놓아야 할 것이다.

물론 교회를 통해 주는 생활을 실천할 수도 있지만, 인격적인 관계성 속에서 개인적인 차원에서 이웃을 도울 때 주는 **생활의 진정한 기쁨**을 더욱 맛볼 수 있는 법이다.

이러한 방향으로 나가는 교회 역시 결코 손해를 보지 않고 오히려 "후히 되어 누르고 흔들어 넘치도록 하여 안겨주는" 축복을 신자들과 더불어 받게 될 것이다.

이스라엘의 희년제도

희년Jubilee은 일곱 번째 안식년이 지난 다음 해, 즉 오십 번째 해를 말한다.

"너는 일곱 안식년을 계수할지니 이는 칠 년이 일곱 번인즉 안식년 일곱 번 동안 곧 사십구 년이라 일곱째 달 열흘날은 속죄일이니 너는 뿔나팔 소리를 내되 전국에서 뿔나팔을 크게 불 지며 너희는 오십 년째 해를 거룩하게 하여 그 땅에 있는 모든 주민을 위하여 자유를 공포하 라"레위기 25:8~10

〈레위기〉를 보면 희년은 십일조 규정 바로 다음에 나온다. 이는 희년이 전제되어 야 올바른 십일조가 지켜질 수 있음을 보여주는 것이다. 십일조가 토지소산에 대 한 것임을 고려하면, 모든 이에게 땅이 있어야 하는 것이 전제조건이라 하겠다. 따 라서 땅의 소유를 원래대로 회복하여 모든 이에게 땅을 갖게끔 하는 희년 규정은 반드시 필요한 것이라 하겠다.

또한 희년에는 노예로 있던 사람들에게 자유가 선포되었고, 가난 때문에 조상의 소유를 팔아야 했던 사람들에게는 그들이 판 땅을 다시 돌려주었다. 결과적으로 희년을 통해 이스라엘의 부는 재분배되었고, 그들은 하나님 앞에서 자유인이 되었 다. 십일조 역시 물질을 거두어, 그것으로 가난한 이들을 돌보고, 제사를 바로 세 우며, 소유에 따라 분배했다는 점에서 이와 상통한다.

이처럼 희년과 십일조는 동전의 양면처럼 같은 목적을 지향하고 있다. 하나님이 모세 율법에 희년과 십일조를 정하신 까닭은 이스라엘 공동체의 구성원 각 사람 이 불평등 때문에 초래될 수 있는 공동체의 위기를 막고 하나님께 드려지는 예배 를 바로 세우고자 함이었다. 희년과 십일조는 우리에게 공동체에 관한 하나님의 공의를 보여준다.

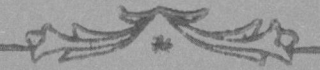

"화 있을진저 외식하는 서기관들과 바리새인들이여
너희가 박하와 회향과 근채의 십일조는 드리되 율법의 더 중한 바
정의와 긍휼과 믿음은 버렸도다"

| 마태복음 23:23 |

Chapter 5

십일조를 자랑하는 바리새인들

십일조에 관한 예수의 말씀을 잘 이해하기 위해서는 그 시대 배경을 파악하는 것이 중요하다. 시대 배경을 파악하면 특히 바리새인들에게 왜 그런 말씀을 주셨는지 문맥을 짚을 수 있다. 또한 바리새인들에게 주신 말씀을 일반화시키는 오류를 피할 수 있다.

예수 시대의 세금과 십일조

지금도 마찬가지이지만 어느 나라나 국가를 경영하는 데 있어서 세금을 걷는 일이 가장 중요한 업무라고 해도 과언이 아니다. 아무리 좋은 정책을 세워도 그것을 뒷받침할 예산이 없으면 아무 소용이 없다. 국가 예산의 대부분은 백성으로부터 걷는 세금이 차지하게 된다.

예수 당시의 로마제국은 본토뿐만 아니라 여러 식민지도 다스려야 했기 때문에 광대한 국토에서 세금을 어떻게 효과적으로 거두느냐 하는 문제가 항상 주요 사안이 되었다. 무조건 착취하듯이 세금을 거둘 수는 없어서 그럴듯한 명분을 내세워 세금을 거두어야 했다.

세금은 직접세와 간접세로 나뉘게 된다. 로마제국 당시에 대표적인 직접세로는 두 가지 종류가 있었다. 그중 하나는 인두세로 알려진 세금이다. '트리부툼 카피티스 tributum capitis'라고 하여 14세 이상의 모든 남자와 12세 이상의 모든 여자는 세상에 존재한다는 이유만으로도 세금을 내야 했다. 요즈음 말로 하면 주민세라고 할 수 있다.

또 하나는 '트리부툼 아그리 tributum agri'라고 하는 토지세였다. 토지세는 병역 의무를 감당하는 로마 시민은 내지 않고 비非로마시민, 즉 식민지 백성이 수입의 10분의 1(십일조)에 해당하는 액수를 바쳐야만 했다. 식민지 백성 중에도 병역에 복무하는 사람들은 토지세를 내지 않아도 되었다.

로마 시민에게만 해당하는 직접세로는 노예해방세(몸값의 5퍼센트)와 상속세 등이 있었다. 아우구스투스 Augustus 황제 때 인류 역사상 최초로 상속세가 신설되었다. 상속세율은 20분의 1이었고 6촌 이내의 친척에게 상속하면 상속세가 전액 면제되었다. 상속세를 신설할 때의 명분은 로마군인들의 퇴직금을 마련하는 데 있었다.

간접세에는 관세를 비롯하여 상품을 팔 때 내는 매상세, 통행세 같은 것들이 있었다. 매상세는 매상액의 100분의 1밖에 되지 않아 큰 부담이 되지 않았다. 항만세라고 하는 관세는 지나친 사치품을 제외하고는 20분의 1 정도 매겨졌다.

▎아우구스투스 황제 : 로마제국의 제1대 황제다(BC 63~AD 14). 본명은 가이우스 옥타비아누스Gaius Octavianus 로서 학술 문예를 장려하여 로마 문화의 황금시대를 이룩하였다. 그의 세제 개혁은 로마제국의 역사에 큰 영향을 주었지만, 세금을 걷는 민간 징수원 방식에서 세금 담당 공무원이 징수하는 방식으로 바뀐 뒤로는 백성의 세금이 더 늘어났다. 그들은 정치가들과 손을 잡고 자신들의 재산을 불리기에 급급했다. 이에 대한 관리 감독이 이루어지지 않아 경제에 좋지 않은 영향을 가져오기도 했다.

직접세는 로마 당국의 국세청 관리가 직접 거두어 국고로 들어가도록 하였다. 그러나 간접세는 로마 당국에서 각 지역 주민에게 세금 징수업을 하도록 도급을 주어 거두게 했다. 세금 징수업 도급을 받았던 사람들이 소위 세리들이었다.

세리들은 징수한 세금 일부를 수수료로 챙겼다. 그 당시 정당한 수수료를 챙기는 세리들은 거의 없었고, 당국에 세금 액수를 허위로 보고하고 나머지를 착복하는 경우가 비일비재했다. 세리들이 세금을 착복하기 위해서는 상급자들인 관리들에게 또 상납해야만

인도에서 발견된 아우구스투스 시대의 화폐(대영 박물관)

했다. 나중에는 상납하기 위해 착복하는 것인지, 착복하기 위해 상납하는 것인지 구분할 수 없게 되었다.

이러한 구조적인 부정부패의 사슬 때문에 일반 백성은 과중한 세금을 부담하며 착취를 당했다. 특히 이스라엘 백성은 토지세로 로마 당국에 수입의 십일조를 내고, 또 종교적인 의무로서 수입의 십일조를 이스라엘 당국에 내야만 했다.

종교적인 의무로 내는 십일조에는 두 가지 종류의 십일조가 있었는데, 하나는 백성이 레위인들에게 내는 첫 십일조요, 그 다음 레위인들이 제사장에게 내는 둘째 십일조였다. 그런데 예수 당시에는 백성이 이 두 가지 십일조를 다 부담하도록 법이 바뀌어 있었다.

게다가 성전세와 그 외 갖가지 세금을 내야 하는 백성은 경제적인 파탄 지경에 이를 수밖에 없었다. 그랜트 F.C.Grant 라는 학자는 당시 이스라엘 백성이 시민세와 종교세를 포함하여 수입의 절반 정도를 세금으로 냈다고 했다. 일반 백성 중에 하루에 한 끼를 제대로 챙겨 먹을 수 있으면 중산층에 속한다고 할 수 있을 정도였다.

백성이 도탄에 빠져 허덕이는 시대에도 종교 지도자들인 제사장들은 엄청난 급료를 받았다. 성전에 바친 희생물 중에서 번제물만은 제단 불로 태우고, 다른 제물들은 일부만 태우고 나머지 대부분을 제사장들이 차지했다. 일반 백성은 일주일에 한 번도 고기를 먹지 못했는데, 제사장들은 고기 냄새가 코에서 넘쳐날 정도로 많이 먹어 요즈음 말로 하면 대부분 성인병에 걸려 있었다.

제사장들의 급료는 고기 외에도 다양한 종류가 있었다. 일곱 가지의 처음 익은 열매, 즉 밀, 보리, 포도, 무화과, 석류, 올리브, 꿀 등의 첫 수확을 받았다. 그들은 첫 수확뿐만 아니라 가장 좋은 수확물들도 받았다. 평균 잡아 수확의 50분의 1은 제사장 차지가 되었다. 여기에 백성이 바치는 십일조가 보태졌다. 또한 '할라'라고 하는 과자와 빵 반죽을 받고, 어떤 빵을 굽든지 24분의 1은 제사장들의 몫으로 돌려졌다.

로마 당국에 내는 국세와 성전에 내는 종교세들의 부담이 너무 커 백성은 각종 세금납세 의무에서 벗어나려고 노숙자처럼 떼를 지어 유랑하기도 했다. 열심히 일해서 벌어보았자 남는 게 별로 없었다. 백성 중에는 십일조를 바칠 엄두도 내지 못하는 사람이 많았다. 십일조를 내지 않는 자들을 바리새인들은 '암 하레츠עם הארץ', 즉 땅의 사람들이라고 폄하하여 불렀다.

요즈음 한국교회 신자 대부분도 나라에 내는 각종 세금과 교회에 바치는 각종 헌금으로 경제적인 어려움을 겪으며 살아가고 있는 형편이다. 십일조 하고, 헌금 많이 하면 복을 받는다고 하지만,

당장은 그 복이 오지 않고 빚만 늘어간다. 교회 건축한다고 집까지 은행에 담보로 잡히고 개인 명의로 대출을 받아 그 이자를 갚아 나가느라 고생하는 집사와 장로가 많다. 생활비와 이자를 떼고 나면 빚만 있고 수입이 없는 것과 마찬가지인데도 교회에서는 십일조와 헌금을 자꾸만 강요한다. 예수 시대의 '암 하레츠' 형편과 별로 다를 바 없다.

바리새인들의 십일조

구약성경의 십일조 규정들을 보면 뭔가 통일이 되어 있지 않은 느낌이다. 그래서 십일조에는 세 가지 십일조가 있는 것이 아닌가 하는 논란이 끊이지 않았다. 그 문제와 관련된 구절들을 살펴보자.

"내가 이스라엘의 십일조를 레위 자손에게 기업으로 다 주어서 그들이 하는 일 곧 회막에서 하는 일을 갚나니"민수기 18:21

"네 하나님 여호와 앞 곧 여호와께서 그의 이름을 두시려고 택하신 곳에서 네 곡식과 포도주와 기름의 십일조를 먹으며"신명기 14:23

"셋째 해 곧 십일조를 드리는 해에 네 모든 소산의 십일조 내기를 마친

후에 그것을 레위인과 객과 고아와 과부에게 주어 네 성읍 안에서 먹고 배부르게 하라" 신명기 26:12

이상 세 구절만 보아도 십일조에 관한 규정들이 서로 다른 것을 알 수 있다. 〈민수기〉 18장 21절은 전적으로 레위인에게만 돌리는 십일조이고, 〈신명기〉 14장 23절은 식구들끼리 나눠 먹는 십일조요, 〈신명기〉 26장 12절은 3년마다 드리는 가난한 자들을 위한 십일조이다. 학자들에 따라 한 가지 십일조만 있었다는 학설과 두 번째와 세 번째 십일조를 하나로 보아 두 가지 십일조가 있었다는 학설, 각각 독립된 것으로 보아 세 가지 십일조가 있었다는 학설 등이 있다.

이 난제를 해결하기 위해서는 먼저 성소가 성막에서 성전으로 옮겨간 역사적인 배경을 염두에 두어야 한다. 처음에는 공동식사의 성격이 강했던 성막 시절의 십일조가 성전 제사와 결합하면서 예물의 성격을 강하게 띠게 되었다고 할 수 있다. 그런데 종교적인 열심이 많은 바리새인은 세 가지 십일조를 주장했다. 그래서 제3년에는 세 가지 십일조를 다 지키느라 애를 많이 먹었다. 유대 역사가 요세푸스도 같은 견해를 가지고 있다.

"제사장들과 레위인들에게 주기 위해 떼어 놓은 것 말고 너희 소산의 10분 1을 또 따로 떼어놓아라. 너희는 이것을 팔 수는 있으나 거룩한 도시에서 거행되는 절기와 제사 때에 꼭 사용해야 한다. 왜냐하면 하나님께서 너희에게 소유하라고 주신 땅의 소산을 하나님의 영광을 위해 사용하는 것이 마땅하기 때문이다." 요세푸스, 《요세푸스 제1권》, 김지찬 옮김, 생명의말씀사, 1997, p. 267.

"내가 방금 언급한 바대로 매년 10분 1씩 레위인들과 절기들을 위해 각각 드리는 10분의 2 외에 3년마다 가난한 자, 즉 과부나 고아들을 돕기 위해 세 번째 10분의 1을 드려야 한다." 요세푸스, 《요세푸스 제1권》, 김지찬 옮김, 생명의말씀사, 1997, p. 274.

바리새인들은 더 나아가 토지소산과 가축의 십일조뿐만 아니라 화폐를 포함한 '모든' 소득의 십일조까지 바쳐야 한다는 주장을 펼쳤다. 〈누가복음〉 18장 12절에 자신의 종교적인 행위를 자랑하는 바리새인이 나오는데 "나는 이레에 두 번씩 금식하고 또 소득의 십일조를 드리나이다"라고 기도하고 있다.

그런데 《개역한글성경》에서는 '소득' 앞에 나오는 '판타 $\pi\alpha\nu\tau\alpha$ (모든)'라고 하는 헬라어를 번역하지 않았다. 《공동번역성경》은 '모든 수입'이라 하여 판타 $\pi\alpha\nu\tau\alpha$를 번역하고 있다.

결국 바리새인은 다른 백성은 토지소산과 가축의 십일조만 드리지만, 자기들은 '모든' 소득의 십일조를 드린다고 자랑하고 있는 것이다. 그리고 다른 백성은 일 년에 한 번 속죄일에만 금식하지만, 자기들은 일주일에 두 번(월요일·목요일) 금식한다고 자랑하였다.

| 궁궁이 : 주로 산골 짜기나 냇가 주변 습한 곳에서 볼 수 있다. 궁궁이는 구릿대와 비슷하게 생겨서 구별하기 어렵지만, 구릿대는 줄기가 초록색인 반면 궁궁이는 갈색이면서 줄기가 구릿대보다 가늘다. 어린잎은 데쳐서 나물로 무쳐 먹을 수 있으며 뿌리는 한약재로 쓰인다.

심지어 바리새인들은 물건을 살 때조차도 산 값의 십일조를 떼어놓았다. 왜냐하면 물건을 판 사람이 십일조를 내지 않을지도 모른다는 우려 때문이었다. 다른 사람이 내지 않는 십일조 몫까지 감당하려고 했으니 이 정도 되면 십일조 노이로제 환자들이라고 할 만하다.

신약성경에서 바리새인은 예수와 곧잘 안식일 논쟁을 벌였던 것처럼 십일조 논쟁을 벌이곤 했다. 예를 들면, 식물이 어느 정도까지 자랐을 때 십일조의 대상이 되는지, 자생식물인 운향芸香(궁궁이) 같은 풀에서 씨를 얻었을 때도 십일조를 내야 하는지 등등. 이러한 것들을 따지느라 십일조의 근본정신은 실종되고 말았다. 물론 이것은 하나님께서 바라는 바가 아님은 명백하다.

오늘 한국교회도 바리새인과 같은 십일조 노이로제 환자를 많이 양산하고 있다. 한 사람을 구원하기 위해 그렇게 애를 써서 전도해놓고는 그 다음부터는 십일조 도둑으로 몰아붙이기에 여념이 없다. 영광스러운 하나님의 자녀가 수시로 십일조 설교를 통하여 도둑놈 판결을 받고 있으니 아버지 된 하나님의 입장은 어떠하실까? 많이 민망스러우실 것이다. 게다가 아나니아와 삽비라 이야기까지 나오면 죽을 죄인이 되어 오금을 제대로 펴지 못한다.

이러한 현상은 〈마태복음〉 23장 15절 말씀을 떠올리게 한다.

"화 있을진저 외식하는 서기관들과 바리새인들이여 너희는 교인 한 사람을 얻기 위하여 바다와 육지를 두루 다니다가 생기면 너희보다 배나 더 지옥 자식이 되게 하는도다"

여기서 '지옥 자식'을 '도둑 자식'으로 바꾸면 한국교회의 상황을 그대로 보여주는 말씀이라 해도 과언이 아니다. 한국교회가 이렇게 된 이유는 모세오경에서 말하는 전통적인 십일조 정신을 버리고 장로의 유전을 좇은 바리새인들의 십일조를 그대로 답습하고 있기 때문이다. 이것은 종교적인 열심은 있으나 지식을 좇은 것은 아니다 로마서 10:2~3 참조.

목회자들이 오용하는 십일조

이제 십일조를 주장하는 사람들이 신약성경의 말씀 중에서 유일한 근거로 제시하고 있는 〈누가복음〉 11장 42절과 〈마태복음〉 23장 23절을 생각해보고자 한다. 이 구절은 십일조 정신을 잃어버리고 십일조의 형식적인 규정을 지키는 데만 마음을 쓰고 있는 바리새인들을 "화 있을진저"라는 저주의 선포로 무섭게 책망하는 말씀이다.

"화 있을진저 너희 바리새인이여 너희가 박하와 운향과 모든 채소의 십일조는 드리되 공의와 하나님께 대한 사랑은 버리는도다 그러나 이것도 행하고 저것도 버리지 말아야 할지니라" 누가복음 11:42

"화 있을진저 외식하는 서기관들과 바리새인들이여 너희가 박하와 회향과 근채의 십일조는 드리되 율법의 더 중한 바 정의와 긍휼과 믿음은 버렸도다 그러나 이것도 행하고 저것도 버리지 말아야 할지니라" 마태복음 23:23

그런데 이 말씀이 오히려 신약성경에서 십일조에 관한 유일한 근거로 이용되고 있는 것을 보면 아이러니하다. 그것도 마지막 구절에 간신히 매달려 십일조를 주장하고 있으니 안쓰럽기도 하다. 이 구절이라도 있는 것이 얼마나 감사했던지 켄달 목사는 《십일조》라는 책에서 다음과 같이 말하고 있다.

"'그러나 이것도 행하고 저것도 버리지 말아야 할지니라' 마태복음 23:23 는 말씀은 한 구절로 아브라함과 야곱과 모세와 말라기를 긍정하신 말씀이다." R. T. 켄달, 《십일조》, 송성진 옮김, 생명의말씀사, 1985, p. 103.

'화 있을진저'로 시작하는 무서운 책망의 말씀에서 엄청난 '긍정'의 말씀을 듣다니, 편집증 환자가 아니고서는 그럴 수 없는 법이다. 그러한 엄청난 긍정을 하려고 예수께서 이 말씀을 하셨을까? 그랬다면 바리새인들은 저주에 가까운 책망을 들은 것이 아니라 기뻐 뛸 만한 격려를 받은 셈이다.

예수께서 바리새인들이 드리는 십일조 품목 중에 왜 하필 박하와 운향과 회향과 근채의 십일조를 예로 들고 있을까? 구약에서는 토지소산의 십일조로 곡식과 포도주와 기름의 십일조를 들고 있는데 이 품목에는 박하와 운향, 회향과 근채 같은 것들은 들어 있지 않다. 특히 향신료로 쓰이는 운향은 자생식물에 속하는 것으로 십일조 대상이 되느냐 안 되느냐로 논란이 많았던 식물이다. 그 품목들은 사실 드릴 필요가 없었음에도, 바리새인들은 그것조차 십일조를 드리고 있었던 것이다. 예수께서는 바리새인들이 필요 이상으로 십일조에 집착했음을 비판하고 있는 것이다.

십일조에 대한 바리새인들의 지나친 열심 supererogation 은 이미 언급한 바 있다. 심지어 그들은 음식을 먹을 때조차도 십일조를 떼어놓지 않고는 먹지 않았다는 것이다. 이렇게 지키지 않아도 될 것들까지 열심히 지키면서도 정말 간직해야 할 의義와 인仁과 신信은 버리고 있는 바리새인들이었다.

〈누가복음〉 11장 42절에서는 공의와 하나님에 대한 사랑을 버렸다고 하였는데, 여기서 공의는 이웃사랑과 관련된 것으로 볼 수 있다. 백성을 무시하고 자기 욕심을 채우기 위해 부정부패와 타협하는 가운데 바리새인들은 공의와는 거리가 먼 방향으로 나아가고 있었다. 그러면서도 열심히 종교적인 형식을 갖추기에 급급했다.

예수께서는 십일조로 가리고 있는 그들의 위선을 여지없이 폭로하셨다. 그런데 흥미롭게도 예수께서 그렇게 책망만 하고 끝내신 것이 아니라 "그러나 이것도 행하고 저것도 버리지 말아야 할지니라"는 말씀을 덧붙였다. 헬라어 원문을 보면 '이것'과 '저것'이 단수 형태로 되어 있지 않고, 복수형 '타우타 ταυτα (이런 것들)', '카케이나 κακεινα (저런 것들도 역시)'로 되어 있다. 다시 말해, '이런 것들도 행하고 저런 것들도 버리지 말아야 한다'는 말씀이다.

여기 '이런 것들'은 의와 인과 신, 또는 공의와 하나님께 대한 사랑이라 할 수 있는데, '저런 것들'은 무엇을 가리키는가? 박하와 운향과 근채의 십일조를 말하는가? 앞서도 말했지만, 이러한 십일조들은 사실 지키지 않아도 되는 것들이다. 그러므로 '저런 것들'은 꼭 십일조 하나만을 가리킨다기보다 십일조를 포함하여 하나님께 예물을 드리는 여러 제사 행위를 총체적으로 가리킨다고 보는 것이 문맥상 타당하다.

예수께서는 바리새인들의 형식적인 종교생활을 책망하기 위해 여러 신앙행위 중에서 십일조 하나를 예로 든 것뿐이다.

가령 예수께서 바리새인들에게 이렇게 말씀하실 수도 있다. "화 있을진저 너희 바리새인이여, 너희가 번제와 속죄제와 속건제와 각종 예물을 드리되 율법의 더 중한 바 의와 인과 신은 버렸도다. 그러나 이것도 행하고 저것도 버리지 말아야 할지니라."

〈마태복음〉 23장 23절 바로 앞에 있는 23장 16~22절에 보면, 예수께서 여전히 제단과 성전을 인정하고 계신 것을 알 수 있다. 특히 〈마태복음〉 23장 19~22절에서는 제단으로 맹세하는 것과 성전으로 맹세하는 것의 의미까지 설명을 해주고 있다.

"맹인들이여 어느 것이 크냐 그 예물이냐 그 예물을 거룩하게 하는 제단이냐 그러므로 제단으로 맹세하는 자는 제단과 그 위에 있는 모든 것으로 맹세함이요 또 성전으로 맹세하는 자는 성전과 그 안에 계신 이로 맹세함이요 또 하늘로 맹세하는 자는 하나님의 보좌와 그 위에 앉으신 이로 맹세함이니라"

예수께서 제단과 성전을 인정하고 있는 상황에서 십일조를 비롯한 여러 제사 행위들을 인정하는 것은 너무도 당연한 일이다. 사실은 성전주의자요 십일조주의자인 바리새인들에게 그러한 것을 버리지 말라고 할 필요조차 없다고 할 수 있다. 예수께서 강조하신 것은 어디까지나 그 정신을 저버리지 말라는 것이었다.

예수는 율법 아래 태어나서 생후 8일 만에 모세 율법에 따라 할례를 받았다. 예수의 부모는 장자인 예수를 하나님께 드리고 결례 의식을 치르기 위해 예루살렘 성전으로 올라가 비둘기 한 쌍이나 어린 반구 둘로 제사를 드렸다. 그리고 예수가 열두 살 때 식구들은 모두 유월절 제사를 드리기 위해 또 예루살렘 성전으로 올라갔다. 예수께서는 베드로와 함께 성전세 은전 한 세겔shekel을 바치기도 했다.

| 세겔 : 이스라엘에서 은화로 만들어진 이스라엘의 '세겔'화는 성전 세겔, 일반 세겔, 궁중 세겔 세 종류가 있었다. 성전 세겔은 원래 약 10그램의 은화였는데 후에 9.8그램으로 화폐 가치가 내려갔고, 일반 세겔은 약 11.7그램이던 것이 약 11.4그램으로까지 화폐가치가 하락했다. 무거운 세겔이라고도 불린 궁중 세겔은 약 13그램의 은화였다. 현존하는 가장 오래된 유대의 세겔화는 하스모니안Hasmonean 왕조 때인 BC 139년경에 제작된 '세겔'과 '반 세겔'이었고 이때 만든 '세겔'의 앞면에는 가장자리를 따라 '이스라엘의 세겔'이라는 글이 새겨져 있다.

"가버나움에 이르니 반 세겔 받는 자들이 베드로에게 나아와 이르되 너의 선생은 반 세겔을 내지 아니하느냐 이르되 내신다 하고 집에 들어가니 예수께서 먼저 이르시되 시몬아 네 생각은 어떠하냐 세상 임금들이 누구에게 관세와 국세를 받느냐 자기 아들에게냐 타인에게냐 베드로가 이르되 타인에게니이다 예수께서 이르시되 그렇다면 아들들은 세를 면하리라 그러나 우리가 그들이 실족하지 않게 하기 위하여 네가 바다에 가서 낚시를 던져 먼저 오르는 고기를 가져 입을 열면 돈 한 세겔을 얻을 것이니 가져다가 **나와 너를 위하여 주라** 하시니라" 마태복음 17:24~27

여기서 '반 세겔 받는 자들'이란 성전세를 받는 자들이라는 뜻이다. 그 당시 20세 이상의 모든 유대 남자는 매년 아달월(3월경) 15일쯤에 반 세겔(2드라크마)에 해당하는 성전세를 내야만 했다. 그래서 대개 두 명의 남자가 한 조가 되어 한 세겔을 성전세로 내는 관습이 있었다. "나와 너를 위하여 주라"는 말씀이 그러한 뜻이다.

이렇게 예수께서는 살아 있는 동안 율법과 성전을 부정한 적이 없다. 그러므로 지금 바리새인들에게 십일조를 비롯한 여러 제사와 예물들을 버리지 말라고 하는 것은 새삼스러울 것도 없다.

이러한 배경을 이해한다면 "저것도 버리지 말아야 할지니라"는 말씀에서 십일조에 대한 엄청난 긍정을 듣지는 않을 것이다. 더 나아가 이 말씀을 근거로 지금도 십일조를 해야 한다는 주장을 펼칠 수는 없을 것이다.

예수의 말씀도 시대적인 문맥에서 파악해야 한다. 그렇지 않으면 예수가 할례를 받으셨으니 우리도 할례를 받아야 한다는 주장도 나올 수 있다. 만일 오늘날에도 한센씨 병 같은 병이 나으면 예수께서 시키신 대로 제사장에게 가서 보여야 하는가? 예수께서 성전세를 냈다고 우리도 성전세를 내야 하는가? 예수께서 안식일에 회당에 가서 예배를 드렸다고 우리도 유대교의 안식일인 토요일에 예배를 드려야 하는가?

"저것도 버리지 말아야 할지니라"는 말씀은 성전 제사가 폐지되기 전까지는 유효한 말씀이다. 더군다나 십일조가 없으면 레위인과 제사장들이 굶어 죽을 수밖에 없지 않은가. 예수께서 성전 제사가 엄연히 드려지고 있는 그 시대에 성전을 섬기는 레위인들이 굶어 죽도록 내버려두실 리가 없지 않은가. 그러나 예수 그리스도의 십자가와 부활로 말미암아 율법시대가 끝나고 성전 제사 제도가 폐지된 이후로는 사정이 달라지지 않을 수 없다. 이러한 맥락에서 〈누가복음〉 11장 42절 말씀이나 〈마태복음〉 23장 23절 말씀을 이해해야 할 것이다.

"저것도 버리지 말아야 할지니라"는 말씀을 기초로 십일조를 주장하는 사람들에게 묻고 싶다. 정말 예수께서 버리지 말라고 한 그 '십일조'를 행하고 있는가? 예수께서 그 당시 버리지 말라고 한 것은 토지소산과 가축의 십일조, 다시 말해 양식으로서의 십일조를 말씀하신 것이지, 돈으로 드리는 '모든' 소득에 대한 십일조는 아니다. 자기가 지금 드리고 있는 변질된 십일조를 예수께서 버리지 말라고 했다는 식으로 이치에 맞지 않게 억지로 끌어 붙이지 말기 바란다. 예수께서 강조하신 것은 십일조라는 형식이 아니라 어디까지나 '의와 인과 신'의 정신으로 생활 전체를 드리는 산제사였다.

그리고 무엇보다도 "이것도 행하고 저것도 버리지 말아야 할지니라"는 구절은 헬라어 원문으로 보면 〈마태복음〉이든 〈누가복음〉이든 명령법이 아니라 미완료 능동태 직설법이다. 헬라어에서 미완료 능동태 직설법은 영어로 말하면 과거 진행형에 속한다. 그리고 동사처럼 보이는 문구들은 동사형 명사, 즉 부정사로 되어 있다. 이러한 문법적 특징을 고려하여 직역을 해보면 이렇다.

'이것들을 행하는 것과 저것들을 버리지 않는 것을 했어야 했다.'

다시 말해 바리새인들이 십일조를 바칠 때 '의와 인과 신'을 버리지 않았어야 했다는 말이다. 이 구절은 후대 세대를 위한 보편적 명령이라기보다 이전에 그렇게 했어야 했다는 의미로 바리새인들에게 국한되는 말씀인 셈이다.

《NIV영어성경》은 이 구절을 "You should have practiced the latter without leaving the former undone"으로 번역하여 원문의 뉘앙스를 어느 정도 살려놓았다.

예수께서 원하시는 예물

위의 내용과 관련하여 예수께서 칭찬하신 헌금을 언급해보고자 한다. 예수는 헌금과 관련된 말씀을 거의 하신 적이 없는데 유독 가난한 과부의 헌금에 대해서는 관심을 가지셨다.

"예수께서 눈을 들어 부자들이 헌금함에 헌금 넣는 것을 보시고 또 어떤 가난한 과부가 두 렙돈 넣는 것을 보시고 이르시되 내가 참으로 너희에게 말하노니 이 가난한 과부가 다른 모든 사람보다 많이 넣었도다 저들은 그 풍족한 중에서 헌금을 넣었거니와 이 과부는 그 가난한 중에서 자기가 가

지고 있는 생활비 전부를 넣었느니라 하시니라" 누가복음 21:1~4

• 고드란트 : 로마의 최소 청동화인 렙돈의 배의 금액이다. 이는 《성경》에서 '호리'로도 번역되었다(마태복음 5:26). 무게는 3.5그램, 로마에서 고드란트는 1회의 목욕료였다. 고드란트는 라틴어 '콰드란스quadrans', 즉 앗사리온의 4분의 1을 의미하는 말에서 파생되었다.

예루살렘 성전 '여인들의 뜰' 근처에 귀중품 보관소가 있었다. 그중 '금방金房'이라 불리는 방이 하나 있었는데 여기에는 나팔 모양의 헌금함이 열세 개 놓여 있었나. 예수는 여인들의 뜰 부근에 앉아 금방 쪽을 바라보고 있었을 것이다. 헌금함마다 용도가 다른 헌금이 모였다. 사람들은 과부의 헌금이 어떤 명목으로 얼마나 넣어졌는지 쉽게 알 수 있었다. 과부는 자선용 헌금함에 넣었을 것이다.

〈마가복음〉 12장 42절에 의하면 두 렙돈은 1고드란트 이다. 4고드란트는 1앗사리온인데, 16앗사리온은 1데나리온으로 노동자의 하루 품삯이었다. 그러니까 두 렙돈은 하루 품삯의 64분의 1에 해당하는 돈으로 지극히 적은 액수이다.

이렇게 적은 액수가 생활비 전부라니, 과부의 형편이 얼마나 어려웠는지를 알 수 있다. 하지만 예수께서는 이 과부를 두고, 생활비 전부를 넣었으므로 풍족한 중에 얼마의 돈을 넣은 부자들보다도 더 많이 헌금한 셈이라고 칭찬해 주셨다. 부자들은 자기들이 더 많은 헌금을 하고 있다고 자부했으나 예수의 평가기준은 물질의 양에 있지 않았다.

또한 예수께서는 과부가 생활비 전부를 넣은 사실보다는 헌금을 드리는 마음 자세를 더 높이 사신 것이다. 과부는 물질만 드린 것이 아니라 자신의 몸과 생활 전체를 드린 셈이다. 이것은 바울이 〈로마서〉 12장 1절에서 말한 영적 예배의 자세라 할 만하다. 그리고 예수께서는 앞으로 교회의 지도자가 되어야 할 제자들에게 이 말씀을 통해 부자와 가난한 자들을 어떻게 대해야 하는지 목회 지침을 주셨다.

"내 형제들아 영광의 주 곧 우리 주 예수 그리스도에 대한 믿음을 너희가 가졌으니 사람을 차별하여 대하지 말라 만일 너희 회당에 금가락지를 끼고 아름다운 옷을 입은 사람이 들어오고 또 남루한 옷을 입은 가난한 사람이 들어올 때에 너희가 아름다운 옷을 입은 자를 눈여겨보고 말하되 여기 좋은 자리에 앉으소서 하고 또 가난한 자에게 말하되 너는 거기 서 있든지 내 발등상 아래에 앉으라 하면 너희끼리 서로 차별하며 악한 생각으로 판단하는 자가 되는 것이 아니냐 내 사랑하는 형제들아 들을지어다 하나님이 세상에서 가난한 자를 택하사 믿음에 부요하게 하시고 또 자기를 사랑하는 자들에게 약속하신 나라를 상속으로 받게 하지 아니하셨느냐" 야보고서 2:1~5

예수께서 가난한 과부의 헌금에 대해 언급하신 직후에 성전의 파멸을 예고하신 것은 의미심장한 일이다.

"어떤 사람들이 성전을 가리켜 그 아름다운 돌과 헌물로 꾸민 것을 말하

매 예수께서 이르시되 너희 보는 이것들이 날이 이
르면 돌 하나도 돌 위에 남지 않고 다 무너뜨려지
리라" 누가복음 21:5~6

| **랍비** : 랍비는 유대교의 현인을 가리키는 말이다. 《성경》에서는 '나의 선생님' '나의 주인님'(요한복음 9:2, 표준새번역)이라는 뜻의 히브리어로 라보니 rabboni라고 되어 있다(요한복음 20:16). 그래서 예수 그리스도도 그를 따르는 이들에게 선생이라는 뜻으로 랍비라고 불렀다(요한복음 1:38). 이 용어는 1세기에 이르러 보편화되었고, 이후 유대교 지도자제도의 용어로 정착되었다. 랍비들의 종교적 신념은 《탈무드》의 판결·사상·태도에 잘 나타나 있다.

세상에서 가장 장엄한 역사서로 알려진 요세푸스의 《유대 전쟁사》 제5권 제5장을 보면, 로마에 의해 파괴되기 전의 예루살렘 성전에 관하여 생생하게 묘사하고 있다.

"성전 정면의 외관은 보는 사람으로 하여금 감탄을 자아내지 않을 곳이 하나도 없을 만큼 아름답기가 그지없었다. 전면이 온통 다량의 금으로 입혀져 있었으므로 태양이 떠오르면 햇살에 반사되어 휘황찬란한 광채를 발하였기 때문이다. 그 광채가 어찌나 현란했던지 누구나 정면으로 바라보지 못하고 고개를 돌려야만 했다. 따라서 성전은 지나가는 나그네들이 먼 데서 바라볼 때는 마치 눈 덮인 산처럼 보였다. 금이 입혀지지 않은 부분은 매우 하얗게 보였기 때문이다. 성전의 지붕은 새가 앉아 지붕을 더럽히는 것을 방지하기 위하여 끝이 뾰족한 못들이 많이 박혀 있었다. 성전 전면을 건축한 어떤 돌들은 길이가 45규빗(22미터가량), 너비가 6규빗, 높이가 5규빗 되는 것들도 더러 있었다." 요세푸스, 《요세푸스 제3권》, 김지찬 옮김, 생명의말씀사, 1998, p. 488.

이와 같이 휘황찬란할 정도로 아름답게 꾸며진 성전이 돌 위에 돌 하나 남지 않고 무너지게 된 데는 가난한 과부의 헌금보다 돈 많은 부자의 헌금을 더 높이고 중요하게 여긴 종교 지도자들의 죄악된 사고방식이 큰 몫을 차지하고 있다.

TIP

바리새인들과 율법주의

바리새인들은 예수 시대에 활동했던 유대교의 종파로서 '구별된 자들'이라는 이름에 걸맞게 율법의 세세한 조항까지도 철저히 지키는 것으로 유명했다. 이스라엘이 그리스 지배에 있었던 시기에 일어난 경건주의 운동인 하시딤파를 계승하여 발전시킨 일파로 알려졌으며, 하나님 이름의 성화를 중시하여 온갖 불결함으로부터 자신을 구별하는 것을 가장 중요하게 여겼다.

바리새인들은 모세오경과 동시에 구전, 특히 《탈무드》의 〈미드라쉬〉를 자신들의 신조로 삼았다. 그들은 육체의 부활이나 천사의 존재 등을 믿었는데, 이러한 내용이 모세오경에 분명히 언급되어 있지 않기 때문에 후대의 저작들과 구전에서 그 원천을 찾으려 했던 것이다.

바리새인들은 종교법과 관련된 일상적인 규칙들, 즉 '할라코트'를 제정하여 엄격하게 지켰다. 그중에서도 안식일 규정과 정결례, 그리고 십일조 등을 중시하여, 이러한 규칙들을 엄수하고 있는지를 시험하여 공동체의 일원을 선발했다. 심지어 이러한 규정을 제대로 지키지 않는 사람들과는 상종조차 하지 않았다. 그러나 그들의 규정은 너무 엄격해서 대부분의 이스라엘 사람이 지킬 수 없는 것이었다. 이처럼 엄격한 그들의 가르침은 때때로 참된 신앙심을 깨뜨리는 형식주의에 빠지기도 하였다. 바리새인들의 이러한 형식주의적인 모습은 같은 유대교 내에서도 '율법주의'로 비판받곤 했다.

특히 바리새인과 랍비들은 십일조에 대해 자의적으로 해석함으로써 십일조를 더욱 변질시켰다. 무엇보다 바리새인들이 십일조의 대상에 화폐를 끌어들인 것과 '모든' 소득에 대해 십일조를 적용하게 된 것이 가장 큰 변질이라고 할 수 있다. 그들은 "십일조를 잘 내면 악한 자가 지옥에서 받는 열두 달 동안의 형벌에서 면제된다"고 할 정도로 십일조를 치켜세웠다. 이것으로 우리는 당시 십일조가 중세 시대의 면죄부와 같은 역할을 한 것을 알 수 있다.

✤

"우리 그리스도인들은 (율법으로부터) 해방을 얻은 자들로서
이제 주님을 위하여 (십일조가 아니라) 우리의 모든 소유를 구별하여 떼어놓습니다.
그리고 상당한 분량을 기쁜 마음으로 자유롭게 연보로 드립니다."

| 이레나이오스 |

✤

Chapter 6

십일조로 장사하는 교회들

예수 이후 기독교는 로마제국과 유대교의 탄압 속에서도 사도들의 적극적인 포교활동으로 그 세력을 확장되었다. 디오클레티아누스 Diocletianus 황제 시절의 대대적인 박해 후, 위기에 처했던 기독교는 4시절에 이르러 마침내 공인을 받게 된다. 콘스탄티누스 대제는 밀라노 칙령으로 기독교를 공인했을 뿐 아니라, 실질적인 기독교 우대 정책을 폈다. 이후 황제들의 기독교 우대정

콘스탄티누스 대제 : 고대 로마 황제(재위 306~337). 디오클레티아누스의 황제 퇴위 후 로마제국의 혼란을 수습하고 로마제국을 재통일시켰다. 그는 313년 밀라노에서 밀라노 칙령을 공포, 신앙의 자유를 인정, 그리스도교 박해를 중지시키고 교회의 사법권과 재산권 등을 우대하였다. 또한 325년 니케아에서 종교회의를 개최하는 등 교회 내의 분쟁·교리논쟁에도 적극적으로 관여하였다. 황제를 정상으로 하는 계급적 관료제도를 완비하고 각종 세금제도를 신설하였으며 비잔티움에 콘스탄티노폴리스를 건설하였다.

| 카타콤 : 초기 기독교 시대 로마의 박해를 피해 기독교인들이 지하 동굴에 숨어들어 종교의식을 가지며 믿음과 인내로 고난을 견뎠던 곳이다. 당시 기독교인들은 카타콤에서 예배드리다 잡히면 로마 원형광장에서 사자의 밥이 되거나 기름 가마에서 참혹하게 죽어갔다. 아직도 로마 근교에 카타콤이 존재해 있으며, 조각·벽화 공예품 등 당시의 미술 연구 자료가 아직도 남아 있다.

책은 계속 이어지다가, 마침내 테오도시우스Theodosius 황제 때 이르러 로마제국의 국교로 선포되었다.

근동의 변방 종교였던 기독교는 제국의 국교가 되었고, 카타콤catacomb에서 숨어 예배를 드리던 초대교회 공동체는 이제 세상의 중심에 교회를 세우게 된다. 이 장에서는 그 과정에서 십일조가 어떻게 변질하였는지를 살펴보고자 한다.

바리새인과 랍비들에 의해 변질하기 시작한 십일조는 로마제국 교회시대와 중세시대를 거치면서 더욱 변질해 갔다. 다음에 기술하는 십일조 역사에 관하여는 주로 《종교와 윤리 대백과사전》을 번역하여 참조하였음을 밝혀둔다.

초대교회 시대

초대교회 시대에는 십일조에 대한 이야기가 거의 나오지 않는다. 물론 교회는 재정적으로 도움이 필요했지만, 수세기에 걸쳐 십일조를 헌금의 방편으로 사용하지는 않았다. 〈사도행전〉이나 바울서신에서는 어려운 이웃이나 교회를 위해 연보를 모은 기록들은 있지만, '십일조'라는 용어는 한 번도 나오지 않는다. 어떤 시기는 자발적으로 소유를 팔아 십일조 이상의 연보를 한 적도 있었다.

4세기 무렵에 이르기까지도 십일조에 관한 논의는 교회에서 찾아보기 어려웠다. 몇몇 저자들이 십일조에 관하여 이야기한 적은 있지만, 그 십일조는 나중에 교회에서 채택한 그러한 십일조와는 차원이 달랐다.

이레나이오스Irenaios 교부는 유대교의 십일조에 관하여 언급하면서 그리스도인들에게는 다음과 같이 권면했다.

■ 이레나이오스 : 이레나이오스(140~202)는 소아시아의 스미르나 Smyrna(현재 터키의 이즈미르)에서 태어나, 로마 제국의 영토였던 갈리아 지방 루그두눔 Legdunum(현재 프랑스 리옹)의 주교이자 로마 가톨릭 교회와 동방 정교회의 성인으로 불린다. 초기 그리스도교 신학을 발전시키는 데 공헌을 하였으며 사도 요한의 제자였던 폴리카르푸스Polycarpus(폴리캅이라고도 불림)의 문하생이기도 하였다.

"우리 그리스도인들은 (율법으로부터) 해방을 얻은 자들로서 이제 주님을 위하여 (십일조가 아니라) 우리의 모든 소유를 구별하여 떼어놓습니다. 그리고 상당한 분량을 기쁜 마음으로 자유롭게 연보로 드립니다."

오리게네스Origenes 교부는 십일조가 그리스도인의 헌금으로는 지나치게 많아서 부담스럽다고 여겼다. 신정 일치가 되어 있지 않은 나라에서 여러 가지 세금을 감당해야 하는 그리스도인으로서는 십일조까지 교회에 바친다는 것은 여간 부담스러운 것이 아니었다. 오리게네스 교부는 바로 그 점을 지적한 것이었다.

에피파니우스Epiphanius 교부는 그리스도인에게 있어서 십일조

• 교부 : 초대 기독교 공동체의 지도자. '교회의 아버지'라는 뜻으로 5~8세기경까지 교리의 정립과 교회의 발전에 이바지하면서 신앙이나 교회생활에 중대한 영향을 미친 인물을 이르는 말이다.

라는 것은 할례보다도 구속력이 없다는 점을 분명히 했다.

아우구스티누스Augustinus(어거스틴으로도 불림) 교부는 십일조를 하나님께 대한 그리스도인의 의무로 여기긴 하였지만, 그와 주위 사람들은 십일조의 차원보다 더 나은 자유로움 속에서 연보를 감당했다.

로마제국 교회시대와 중세시대

기독교가 로마 국교로 인정되고 황제의 권력을 배경으로 교회가 점점 확장되어 감에 따라 여러 가지 원칙을 정해야 할 필요성이 생기게 되었다. 십일조와 관련하여서는 암브로시우스Ambrosius를 비롯한 많은 교부가 십일조를 거두어야 한다는 견해를 밝혔으나, 그들의 의견은 동방 교회들에 널리 받아들여지지는 않았다. 어느 정도 십일조가 받아들여진 서방 교회들조차 상당한 반대에 부딪혔다. 십일조를 내야 하는 도덕적인 의무가 널리 교육되어 십일조가 하나의 원칙으로 정해지고 나서도 사람들은 마지못해 가끔 내곤 했다.

드디어 AD 585년 마콘Macon 교부 회의에서 십일조가 채택되었다. 그 당시 십일조는 주로 가난한 자들을 돕고 포로들을 풀어주는 데 사용되고 있었다. 이제 십일조를 내지 않는 자들은 교회에서 쫓겨나야만 했다. 다른 교부 회의도 십일조들을 속속 채택했다. 그러

다가 AD 800년경 샤를마뉴 Charlemagne 대제 때 와서야 비로소 십일
조가 정식 법령으로 공포되었다. 샤를마뉴 대제는 참사회의에서
십일조는 교회와 사제들에게 주는 것으로 결정했다.

  설교자들은 때를 만났다는 듯이 신자들에게 십일조에 대하여 열
렬히 설교하면서 십일조는 그리스도인의 완전에 이르는 첩경이라
고 했다. 그리하여 많은 십일조가 걷히게 되었음은 말할 필요가
없다.

  여기서 교회법에 의해서 시민으로부터 십일조를 거두었을 뿐 아
니라 로마법에 의해서도 식민지들로부터 십일조를 거둔 사실을 유
의해야 한다. 로마법에 의해 식민지들로부터 거둔 십일조 중에서
많은 부분이 교회로 할당되었다.

  샤를마뉴 대제는 십일조를 세 종류로 구분하여 쓰이게 했다. 첫
째는 주교와 사제를 위한 십일조였고, 둘째는 가난한 자들을 위한
십일조였고, 셋째는 교회 조직을 위한 십일조였다. 이것은 전통적
인 십일조 정신을 살리려는 배려에서 비롯되었다고 할 수 있다.

  그러나 나중에는 특별한 몇몇 교회와 수도원에서 십일조를 횡령
하여 거의 독차지하는 일이 자주 벌어졌다. 일단 십일조 의무가 법
령으로 공포되자 십일조 납부를 거부하는 사람들에 대해서는 파문
excommunication이나 형벌이 가해졌다. 그러는 가운데 십일조가 횡령되
고 남용되는 일이 더욱 많아졌다.

  십일조가 하나의 엄청난 기득권 내지는 치부의 수단으로 자리

●공의회公議會 : 가톨릭 교회의 권위 있는 의회집단으로, 그 기원은 초대교회의 사도들이 공식적인 사도회의를 가졌던 데서 비롯된다. 초대교회 이후로 교회는 외부로부터의 신앙적 도전에 직면하였으며, 주교들의 공동 심의를 통해 합법적으로 교회의 신조와 원칙에 관한 문제를 의논 정의 결정했다.

잡는 곳에서는 반드시 십일조를 횡령하는 일들이 벌어지는 것을 알 수 있다. 그것은 말라기 시대나 요세푸스 시대나 로마제국시대나 마찬가지였다.

  심지어 지주가 십일조를 횡령하여 개인 재산으로 돌리고 십일조를 팔아먹기까지 했다. 이와 같은 폐단 때문에 1179년 제3차 라테란Lateran 공의회 에서는 평민이 십일조를 차지하거나 다른 평민에게 십일조를 양도하는 것을 금지하는 법을 통과시켰다. 이 회의에서는 이 법을 어기는 사람은 자신의 영혼을 멸망에 빠뜨리는 자로서 교회 묘지에도 묻힐 수 없다고 결정했다. 말하자면 십일조는 절대로 교회를 떠나서 개인이 처분할 수 없다는 것이었다.

  이것은 요즈음 한국교회가 십일조를 교회에 바치지 않고 개인적으로 어려운 친족을 돕는다든지 자선단체 같은 데 기부하는 행위를 금지하고 있는 것과 비슷한 발상이라고 할 수 있다.

포르투갈은 프랑스보다 훨씬 늦은 시기인 11세기에, 덴마크와 아이슬란드는 13세기에 십일조 의무가 법제화되었다. 교회 성직자의 소유지와 수도원, 그리고 일부 귀족에게는 십일조 의무가 면제되기도 했다. 그런데 13세기에 이르기 전까지는 십일조의 대상이 모세오경의 그것처럼 주로 토지소산물이었음을 유의할 필요가 있다. 그래서 교회마다 십일조를 보관하는 '십일조 곳간tithe's barn'을 따로 만들어둘 정도였다.

그러나 13세기에 이를 즈음, 십일조의 대상이 토지소산에서 '모든' 종류의 이득과 임금에까지 확대되기 시작했다. 바리새인과 랍비들의 십일조에 대한 해석을 1,500여 년 후에 다시 끌어들인 셈이었다.

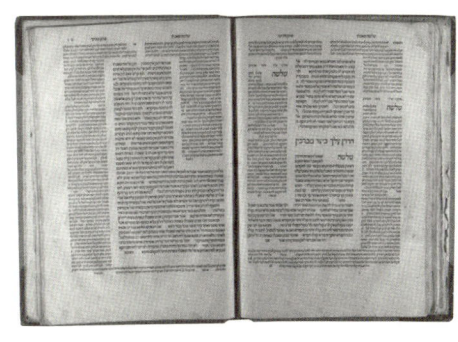

| **탈무드** : 《탈무드》(배움)는 랍비들이 구전되어 오던 이스라엘의 율법과 전통을 계승하고 재해석함으로써 탄생했다. 《탈무드》는 〈미쉬나〉(암송)와 〈게마라〉(완성)로 구성된다. 〈미쉬나〉는 이전 세기들 동안에 랍비들이 토론하고 결정한 것들을 주제별로 분류하여 정리한 일종의 법전이며, 〈게마라〉는 다양한 유대교의 학파들이 벌인 토론을 정리한 것이다. 이 〈미쉬나〉와 〈게마라〉에 다시 주석을 단 것이 오늘날의 《탈무드》로서, 지금의 형태로 정착되기까지는 약 500년의 세월이 걸렸다.

왜 이렇게 십일조의 대상이 순수한 토지소산에서 '모든' 소득 쪽으로 확대되었을까? 두말할 필요도 없이 십일조라는 방편을 이용하여 최대한 물질을 끌어들이기 위해서는 십일조의 대상을 '모든' 소득으로 확대해야 하지 않겠는가.

그 이후로 교회법 학자들에 의해 십일조는 새롭게 세 종류로 구분되었다. 첫째는 토지소산에 대한 십일조였고, 둘째는 좀 더 정교한 인간의 기술로 재배된 특수작물에 대한 십일조였고, 셋째는 무역이나 장사 등을 해서 벌어들인 소득에 대한 십일조였다. 이것은 그대로 유대인의 《탈무드Talmud》 규정을 따르고 있는 구분법이었다.

중세시대 교회법은 어느 것이 십일조의 대상이 되는지, 안 되는지, 그리고 누가 십일조 의무에서 면제되는지, 평신도가 십일조를 개인적으로 사용해도 되는 특별한 경우는 어느 때인지, 십일조와 국세 중 어느 것이 우선인지 등등에 대하여 세세하게 규정하고 있다.

요즈음도 《십일조 내는 법》이라는 지침서들이 나와 있고 십일조 내는 법에 정통하다고 스스로 자부하는 사람이 많은데, 그러한 사람들은 결국 중세시대 교회법을 전파하고 있는 셈이다.

종교개혁 이후의 십일조

영국은 8세기 후반에 이르러서야 비로소 십일조에 대한 법령 제정 움직임이 일어났다. 아드리안 Adrian 교황이 AD 785년에 앵글로색슨 교회에 대하여 십일조를 하도록 했다. 이것은 여러 교회 회의를 거쳐 확정되었고 어떤 때는 왕이 직접 명령을 내리기도 했다. 그러나 어떤 경우에도 십일조의 대상은 토지소산이었지, 일반 생산품은 아니었다. AD 950년경 에드가 Edgar 왕이 통치할 때는 십일조를 내지 않을 경우 법률에 따라 처벌받았다.

이 무렵 교구 교회들의 성장은 지주들이 바치는 십일조에 힘입은 바 크다고 할 수 있다. 그 지주들은 대개 교회 건립자이기도 했다. 교구 제도가 발달함에 따라 지방 교구의 십일조는 그 교구 목사의 몫으로 돌려야 한다는 주장이 합법성을 내세우며 제기되었다. 많은 교구에서 십일조가 수도원 조직의 재산으로 돌려졌다. 그리하여 십일조를 거두고 관리하는 일만을 맡는 특별 목사가 임명되기도 했다. 요즈음 말로 하면 '십일조 목사'라고 할 수 있겠다.

그러나 종교개혁이 일어나자 엄청난 변화가 있게 되었다. 수도원들이 해체됨에 따라 수도원 조직으로 들어갔던 십일조는 왕의 재산으로 돌려졌다. 또한 십일조가 교회 재산을 소유하고 있는 부자들에게로 돌려지기도 했다. 이것은 명백히 십일조의 원래 목적과는 어긋나는 일이었다.

영국에서는 십일조를 '큰 십일조the greater tithe'와 '작은 십일조the smaller tithe'로 나누어 구분했다. 큰 십일조는 교구 목사에게 돌려지는 것을 말하였고, 작은 십일조는 교구 목사 밑에 있는 목사들에게 돌려지는 것을 말했다. 큰 십일조는 주로 토지소산의 십일조였고, 작은 십일조는 인간의 기술로 재배된 특수작물들과 일반 소득에 대한 십일조였다. 이러한 구분이 있을 무렵에는 이미 영국에서도 십일조의 대상을 '모든' 소득으로 확대한 것을 알 수 있다.

그런데 이러한 구분은 1836년에 제정된 십일조 개정법The Commutation Act에 의해 사실상 의미가 없게 되었다. 법이 제정되기 오래 전부터 이미 십일조는 돈의 형태로 지급되고 있었는데, 그 법은 더 나아가 몇 가지 예외를 제외하고는 모든 십일조를 정액 소작료의 형태로 개정했다. 그 액수는 7년 동안의 곡물(옥수수, 밀, 보리, 귀리 등) 가격을 기초로 평균을 내어 산출했다. 그러나 이러한 산출법을 둘

| **종교개혁** : 16~17세기 유럽에서 로마 교황을 중심으로 하는 가톨릭 교회의 타락을 비판하고 그리스도교의 참된 정신으로 돌아가 교회를 개혁하려 한 종교운동이다. 1517년 교황 레오 10세가 성 베드로 사원을 개축하기 위해 발매한 면죄부에 관해서 루터가 '95개 조항의 항의문'을 낸 데서 비롯되었다. 소위 '프로테스탄트'라 불린 개혁주의자들은 개인의 신앙과 성서 해석의 중요성을 강조했으며, 이들의 운동은 점차 확산하여 북서부 유럽 지역과 영국 전역에서 가톨릭에 대항하는 신교(新敎)가 수립되었다.

러싸고 이해당사자들 간에 수십 년 동안 논쟁이 끊이지 않았다. 이렇게 십일조가 개정됨에 따라 그동안 십일조 혜택을 누려오던 집단이 큰 손해를 보게 되었음은 말할 필요도 없다.

스코틀랜드의 십일조 역사를 살펴보아도 영국과 마찬가지로 여러 가지 우여곡절을 겪으면서 변질되어 가는 것을 볼 수 있다. 1537년 스코틀랜드 교회 총회의는 추밀원에 목회자들의 항구적인 생활 대책을 세워달라고 호소했다. 그러자 추밀원은 교회로 들어오는 모든 수입의 3분 1을 왕과 목회자들이 나눠 갖도록 해주었다. 그러니까 목회자들은 교회 수입의 6분의 1을 자기 생활비로 쓸 수가 있게 되었다. 물론 교회 수입에는 십일조가 중요한 부분으로 포함되어 있었다.

이런 식으로 정치적인 이해관계와 얽히면서 십일조는 더욱 변질되지 않을 수 없었다. 마치 먹음직한 먹이를 놓고 돼지들이 꿀꿀거리며 싸우는 꼴이었다.

| 마르틴 루터 : 루터(1483~1546)는 1483년 독일의 비교적 넉넉한 가정에서 태어났다. 아버지의 희망대로 법대에 진학했으나, 친구의 죽음을 경험하면서 수도원에 입소한다. 1507년 사제가 되었으나, 1517년 교황청의 면죄부 판매에 반발하여 1517년 '95개조 반박문'을 게재함으로써 큰 파문을 일으켜 마침내 종교개혁의 발단이 되었다. 이후 그는 교회의 압력과 회유에 굴하지 않고, 동조자들의 협조로 《독일어성경》을 번역했고, 개인의 믿음과 말씀 중심의 신앙을 주장했다. 1546년 2월 18일, 루터는 고향 아이슬레벤에서 심장병으로 죽음을 맞이하였다.

십일조 수입으로 말미암은 교회의 타락은 면죄부와 마찬가지로 종교개혁의 계기가 되었다고 하여도 과언이 아니다. 하지만 마르틴 루터Martin Luther는 십일조 제도 자체는 폐지하지 않았다.

루터는 교회재정 개혁의 필요성을 인식하고 1523년 라이스니히Leisnig 시에 있는 성 마테우스 교회St. Matthaeus Church 헌물함의 용도에 대해 구체적인 지침을 내려 각 교회가 모범으로 삼도록 했다. 여기에는 교회재정과 관련하여 성직자와 직원의 생활비, 고아, 나그네 등 가난한 사람들에 대한 구제, 교회의 유지 보수, 식량 비축에 대한 내용이 들어 있었다.

독일에서 농민전쟁이 벌어지고 있던 1525년 2월 말, 슈바벤Schwaben 농민들이 자신들의 요구사항을 담은 '12개 조항'을 발표했다. 그들은 농민들이 내는 곡물의 십일조를 성직자에 대한 사례, 가난한 사람들을 위한 구제, 전쟁 시의 곤궁을 대비하는 비축식량으로 써 달라고 요구했다. 그러면서 가축의 십일조는 면제해 달라고 요청했다. 이에 대해 루터는 가축 십일조의 폐지는 '도둑질'이

농민전쟁: 성직자의 부패와 교황청의 독선적 행위, 탐욕스러운 형태에 저항하면서 종교의 자유를 외친 루터의 종교개혁으로 말미암아 농민전쟁이 시발점이 되었다고 할 수 있다. 농민들은 루터의 "모든 인간은 평등하다"라는 말에 더욱 힘을 얻었고, 비로소 1525년 남서독일의 농민들이 지주들과 제후들이 온갖 수단을 동원하여 권력으로 농민을 학대하며 수입을 증대시키고 있는 것에 불만을 품고 반기를 들고 일어나기 시작했다. 독일 농민들이 지배계층의 착취에 맞서 투쟁한 독일 농민혁명은 이후 더욱 거세게 몰아치면서 도시의 빈민층까지 가세하게 하였다.

라고 강경한 어조로 반대했다.

사실 농민전쟁의 발단은 종교적인 이유와는 별로 상관이 없었다. 그 사건은 남서독일 슈바르츠발트Schwarzwald의 슈튈링겐Stühlingen 백작 부인이 실감개용 달팽이를 구하기 위해 농번기 농민들에게 달팽이를 주워오라고 한 데서 비롯되었다. 당시 영주들은 처녀가 결혼하면 먼저 처녀성을 확인한다는 명목으로 동침권을 가지고 있었는데, 동침권을 남편에게 반납하는 대신 막대한 헌금을 강요하는 사례가 빈번했다. 또한 농기계를 대여해 주던 유대인 고리대금업자의 횡포가 심하여 농민들이 고생하고 있었다. 이러한 몇 가지 이유가 겹쳐 각 지역의 농민들이 연대를 이루어 세력을 확장해 가면서 정치적이고 종교적인 요구 사항을 제시하게 된 것이었다.

처음에는 농민전쟁을 지지했던 루터도 농민들이 목사선임 자유와 십일조 폐지 등 교회 문제를 들고 나오자 영주들 편에 서서 농민들을 진압하도록 했다.

종교개혁자 중의 한 사람인 츠빙글리 Ulrich Zwingli 는 두 번에 걸친 취리히 논쟁에서 십일조 사용의 문제점을 지적하면서 개혁을 요구했다. 츠빙글리는 십일조를 고위층 성직자들이 독점하지 말아야 하며, 하위 성직자와 가난한 사람들에게도 사용되어야 한다고 주장했다.

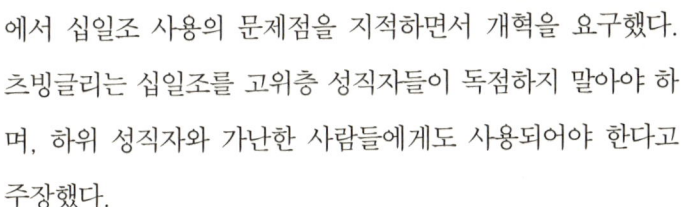

| 울리히 츠빙글리 : 츠빙글리(1484~1531)는 스위스에서 부유한 행정가의 아들로 태어났다. 인문학적 소양이 풍부했던 그는 신부로서 다양한 활동을 했다. 1519년 츠빙글리의 면죄부 비판으로 스위스 종교개혁이 시작되었다. 한때 루터와 연합하였으나 1529년의 마르부르크 회담에서, '상징론'을 주장함으로써 결별한다. 그 결과 정치적으로 고립된 츠빙글리는 구교파와의 내전에 참전했다가, 카펠 전투(1531)에서 전사하였다. 그 후 스위스의 종교개혁 운동은 장 칼뱅에게로 넘어갔다.

독일의 빼어난 식물학자요 샤르트르 Chartres 수도회 사제를 지낸 브룬펠스 Otto Brunfels 는 1524년 《십일조의 근거》를 통해 십일조는 구약성경에만 언급된 것으로 그리스도에 의하여 폐지되었다고 주장했다. 하지만 바울이 디모데의 할례를 허용했듯이 사도행전 16:1~3 자발적인 십일조는 허용될 수 있다고 했다. 그러한 십일조는 자선행위와 같아서 그 혜택이 과부나 고아 등 가난한 사람들에게 돌아가야 한다고 했다. 하지만 실제로 십일조는 가난한 자의 피를 빨아먹는 성직자와 영주들에게로 돌아가고, 그들은 신자의 영혼을 돌보는 것보다 사치스러운 의상, 교회 건축 등에 엄청난 돈을 사용하고 있다고 비판했다.

가톨릭에서 전향하여 스트라스부르 Strasbourg 의 종교개혁자가

| **취리히 논쟁** : 1523년 1월에 취리히 마을 회관에서 츠빙글리와 콘스탄츠의 총주교대리 사이에 벌어진 종교논쟁이 시발점이 되었다. 여기서 츠빙글리는 도전적이고 개혁적인 '67개 조항'을 발표했다. 그 주요 내용은 신학교 재정비, 성례에 대한 개혁 등이었다. 10월에는 성상 문제로 제2차 취리히 논쟁이 벌어져 성상 제거, 오르간 사용금지, 미사형식 교체, 십일조 적법한 사용 등 대대적인 교회 개혁이 이루어졌다.

된 카피토Wolfgang F. Capito는 십일조 논쟁이 일어나자 루터에게 질문서를 보냈다. 루터는 십일조는 《성경》에 근거한 당연한 것으로 그것에 대해 더 이상 논해서는 안 된다고 답변했다.

장로교의 창시자인 칼뱅Jean Calvin은 과연 십일조에 대해 뭐라고 말했을까? 그는 《기독교 강요》를 통해 '신약성경과 구약성경의 연속적인 요소들과 불연속적인 요소들'에 대해 명쾌하게 밝힌 바 있다. 그는 1536년 초판 《기독교 강요》를 낸 후 1559년 최종판(초판의 4배 분량)을 내기까지 여러 차례 개정했지만, 십일조는 신약성경과 구약성경의 불연속적인 요소에 속하는 제도로 보고 언급조차도 하지 않았다. 하지만 칼뱅은 집사들을 세워 자율적으로 구제 사업에 힘쓰도록 했다. 이 부분에 관해 《브리태니커 사전》을 인용해보면 다음과 같다.

| 칼뱅 : 칼뱅(1509~1564)은 1509년 프랑스의 가난한 집에서 태어나 스위스에서 활동한 종교개혁 지도자이다. 그는 스위스 제네바에서 엄격한 신정정치를 구현하여 경건주의를 추구했다. 그가 제네바에 시에 세운 모델 교회와 여러 나라의 정치적·지적 지도자들에게 베푼 적극적인 지원은 유럽과 북아메리카 여러 지역에서 프로테스탄트가 발전하는 데 심대한 영향을 끼쳤다. 칼뱅주의 교회의 교리와 예배의식은 대륙에서 발전한 개혁교회와 영어권에서 발전한 장로교회의 기준이 되었다.

"모든 집사는 과거 여러 가톨릭 재단이 관장했던 자선활동을 조정하는 복합자선시설과 관계를 맺었는데, 이 기관은 현대적 의미의 병원이 아니라 고아원, 양로원, 신체 및 정신 장애자 수용소를 결합한 형태의 기관이었고, 일시적으로 생계를 꾸릴 수 없는 가난한 가정에 무료 급식과 그 밖의 도움을 베푸는 본부이기도 했다.
이 기관을 감독하는 집사('자선종교단장'이라고도 함)는 가족과 함께 자선시설에 거주하며 상근관리자의 역할을 했고, 공석이 될 경우 시 평의회에 의해 선출되었다. 자선종교단장을 돕고 감독하기 위해 도시정부는 자선시설 행정관이라고도 불리는 4~5명의 집사를 뽑았다. 이들은 일 년에 한 번씩 장로들과 똑같은 방법으로 선출되었다. 복합자선시설은 칼뱅이 제네바에 오기 전인 1535년에 설립되었다. 칼뱅은 교회 법령에 이 기관에 대한 규정을 담아서 사실상 영속적인 기관으로 만들었다. 칼뱅과 다른 목사들은 일 년에 한 번씩 자선시설 행정관 후보자들을 선출할 때 협의에 응했던 것으로 생각하지만, 이것이 법적으로 엄격하게 규정된 것은 칼뱅 생애 말년의 일이었다. 그러나 칼뱅은 종교적 이유에서 제네바Geneva로 망명한 사람들 가운데 가난한 사람들을 구휼하는 일에는 깊이 개입했다. 칼뱅은 그들이

> 제네바에 도착하는 즉시 자기 집으로 초대하기도 했으며, 여러 부유한 프랑스 망명객들과 함께 '부르스 프랑세즈'라고 불리던 가난한 동포들을 구휼하기 위한 재단을 조직하는 일을 도왔다."

이와 같이 구제사업과 관련된 교회 재정만 해도 많은 액수가 필요했으나 칼뱅이 십일조를 강조하거나 활용했다는 기록은 없다.

결국 십일조는 종교개혁의 철퇴를 맞고 비실거리다가 프랑스 혁명 이후 서방 교회에서 거의 사라지게 되었다. 그러다가 20세기에 들어서 교회 부흥이 일어나 교회 세력이 커지기 시작하면서 다시 십일조가 머리를 들게 된 것이다. 이러한 현상을 가리켜 켄달 목사는 《십일조》라는 책에서 하나님의 새로운 계시처럼 이야기한다.

> "그러나 십일조는 최근에 하나의 교리보다는 실천 사항으로서 다시 활기를 띠게 되었다. 이 주제에 관한 분명한 진술이 장차 쓰여야 할 것이다. 이 실천 운동은 교파와 지역과 신학적 노선 등을 초월해서 퍼지고 있다. 주로 침례교인들과 웨슬리 신성 운동의 일부 추종자들 그리고 일부 오순절주의자들이 이 성경적 진리를 현대에 다시 부흥시킨 자들로서 모범을 세웠다고 볼 수 있다. 그러나 최근에 이르러서는 다른 교파들은 물론이며 성공회, 루터교, 장로교 등에 의해서 십일조 진리가 가르쳐지고 있

● **성공회** : 성공회는 2세기 영국의 그리스도교에 역사적 근거를 하고 있으며, 16세기 종교개혁 시기에 헨리 8세의 이혼문제로 가톨릭으로부터 독립하였다. 현재 성공회의 모체가 되는 교회로서 종교개혁 신앙의 근본주의를 바탕으로 하면서도 중세의 영국교회와 앵글로색슨의 전통을 계승했다.

다." R. T. 켄달, 《십일조》, 송성진 옮김, 생명의말씀사, 1985, p. 51.

● **알레고리 비유 해석법** : 알레고리는 추상적인 것을 구체화하여 표현하는 방식으로, 《성경》의 추상성을 구체적인 예로 환원하여 전체 메시지를 해석하는 방식을 말한다. 초대교회 시절부터 중세까지 알레고리 해석이 매우 일반적이었으나 《성경》의 모든 비유에 자의적 의미를 부여 해석함으로써 칼뱅 같은 이들의 비판을 받기도 했다.

이상하지 않은가. 신학적인 노선과 교리의 차이로 피투성이가 되도록 싸워 온 여러 교파가 십일조 부분에서는 약속이나 한 듯이 완전한 일치를 보고 있으니 말이다. 이것은 무엇을 말하는가? 나름대로 십일조 교리에 대한 확신도 있겠지만, 무엇보다 이해관계가 서로 일치하기 때문에 그러한 것이 아닌가.

십일조 교리가 언제부터 시작했는지를 살펴보면 흥미로운 점을 발견하게 될 것이다. 기독교가 로마 국교로 인정되어 교회 세력이 확장되고 있을 즈음 400년 동안이나 잠잠했던 십일조 교리가 머리를 들고 일어나 활발하게 논의되다가, 드디어 로마 황제에 의해 법령으로까지 공포되었다.

초대교회 시대에는 잠잠하던 십일조 교리가 왜 그때 다시 논의되었을까? 그 이유는 간단하다. 교회가 확장되고 커지면서 교회에 많은 재정이 필요하게 되었고, 그 재정을 충당할 수 있는 가장 효과적인 방편으로 구약시대의 십일조를 끌어온 것이다. 교회는 성전이요, 목회자는 제사장이요 하는 식으로 《성경》을 알레고리 비유 해석법으로 풀어서 말이다.

그러나 종교개혁을 통해 면죄부와 아울러 십일조의 거짓된 정체가 폭로되었고, 마침내 십일조 교리는 그 힘을 잃게 되었다. 그러다 교회 부흥이 일어나 교회 조직들이 비대해지고 막대한 재정이 필요하게 된 20세기에 와서 다시 십일조 교리가 머리를 들고 일어나게 된 것이다. 켄달 목사는 십일조 교리가 아니라 십일조 실천 운동이라고 말을 돌렸지만, 지금 그 어느 교리보다도 더 강조되고 있는 것이 십일조 교리라고 할 수 있다.

로마제국 교회시대와 중세시대 동안 막대한 십일조 수입으로 온갖 비리를 다 저질러온 로마 가톨릭은 이제 십일조 교리를 버리고 자율적인 헌금 방식을 채택하고 있는 데 반하여, 로마 가톨릭을 개혁한 루터와 칼뱅의 후예들이 이제 와서 오히려 십일조를 강조하고 있으니 역사의 아이러니를 느끼지 않을 수 없다.

개신교가 구교가 되고 구교가 신교가 되어가고 있는 것인가. 이제는 가톨릭 쪽에서 개신교를 개혁하려고 일어날지도 모를 일이다.

중세 이후의 십일조 변천

로마 가톨릭 교회의 십일조는 샤를마뉴 대제 시기에 처음 언급되었으며, 1140년 《그라티아누스 교령집Concordia Discordantium Canonum》으로 확정, 반포되었다. 자체적인 교회제도(영주의 보호 아래 있는 교회)와 세속 영주로서의 수도원에 의하여 십일조는 사실상 세속적인 조세납부 형태를 띠었다. 중세 농부들은 수확의 십일조를 내고, 수공업자들은 생산의 10분의 1을 내야 했다. 십일조를 내야 하는 토지 등을 '십일조 의무지'라고 하는데, 어떤 수도원은 60개의 마을에 십일조 의무지를 가지고 있었다.

중세에는 구약성경에서 기원하는 십일조가 확대되었다. 십일조는 《성경》에 따라 곡물과 큰 가축을 내는 것에 더해 추가로 기타 과일, 채소 등의 농작물과 작은 가축을 내는 것이 있었다. 그 외에도 십일조는 지역에 따라 큰 편차가 있었다.

하지만 이러한 십일조 부과는 서구교회에만 해당할 뿐 동방교회, 즉 정교회에서는 십일조 제도가 없다. 시민혁명으로 교회가 국가와 분리되면서 십일조는 유럽의 교회와 사회에서 정식으로 폐지되었다.

이탈리아는 1887년 폐지되었으며, 아일랜드는 1871년 아일랜드 성공회가 국교회 자격을 상실하면서 십일조가 폐지되었다. 영국은 1836년 십일조가 곡물가격에 근거한 소작세로 대체되었으며, 미국은 국가가 십일조를 의무로 부과한 적 없었다. 단 기독교 교파별로 차이가 있어서 모르몬교와 구약성경을 문자 그대로 해석하는 안식교를 포함한 일부 교파들은 십일조를 요구했다. 독일은 1803년 제국회의에 의해 교회세로 바뀌었다. 교회 재산이 국가에 귀속되면서 십일조가 폐지되자, 이를 대체하는 수단으로 교회세가 등장하였다. 교회세란 독일 기독교인들에게 부과되는 세금으로 교인 수에 따라 개신교와 로마 가톨릭에 분배된다. 그리고 프랑스는 프랑스 대혁명으로 폐지되었다.

· 빌라도와 예수 ·
진실을 알면서도 회피했던 빌라도처럼, 당신도 진실을 회피할 것인가?

| 3부 |

하나님이냐,
맘몬이냐

✣
"지금 너희가 어찌하여 하나님을 시험하여
우리 조상과 우리도 능히 메지 못하던 멍에를 제자들(비유대계 그리스도인)의 목에 두려느냐"

| 사도행전 15:10 |

✣

Chapter 7

십일조는 없다!

원래 십일조는 토지소산의 10분의 1이었는데 차츰 모든 소득의 10분의 1로 확대되고 변질되었다. 십일조를 모든 소득의 10분의 1로 잘못 알고 있는 경우 갖가지 해프닝들이 일어나게 마련이다.

'모든' 소득의 십일조는 없다

《성경》 어디에도 '모든' 소득의 십일조를 드리라는 말씀은 없다. 〈민수기〉 31장 25~47절을 보면, 어떤 소득에 대해서는 하나님께서 500분의 1을 요구하시고 어떤 소득에 대해서는 50분의 1을 요구하시는 것을 알 수 있다.

야곱이 하나님께서 자기 소원을 이루어주시면 '모든' 소득의 십일조를 드리겠다고 한 것은 하나님께서 그렇게 요구하신 것이 아니라 자기 스스로 그렇게 서원한 것이다. 그러한 조건부 십일조는 성숙한 신앙인으로서는 본받지 않는 것이 좋겠다고 했다. 그리고 '모든' 소득의 십일조의 근거로 삼을 만한 구절이 히스기야 왕의 종교개혁을 언급한 〈역대하〉 31장에 나오고 있으나, 문맥을 살펴보면 그 구절의 '모든 것'이 '모든 소득'을 가리키는 것이 아님을 금방 알 수 있다.

"또 예루살렘에 사는 백성을 명령하여 제사장들과 레위 사람들 몫의 음식을 주어 그들에게 여호와의 율법을 힘쓰게 하라 하니라 왕의 명령이 내리자 곧 이스라엘 자손이 곡식과 포도주와 기름과 꿀과 밭의 **모든 소산**의 첫 열매들을 풍성히 드렸고 또 모든 것의 십일조를 많이 가져왔으며" 역대하 31:4~5

여기서 뒤에 나오는 '모든 것'은 앞에 열거된 여러 품목을 가리킨다. 이는 특히 십일조의 대상이 되는 모든 품목이라는 의미이다. 십일조의 대상 품목은 토지소산과 관련하여서는 본문에 나와 있는 대로 주로 곡식과 포도주와 기름이다.

본문의 이해를 돕기 위하여 히브리 문장 구조를 살펴보면 31장

5절 하반절에 '처음 것'에 해당하는 '레아시트ראשׁית'라는 단어가 맨 앞에 나온다. 그 이유는 곡식, 포도주, 기름, 꿀, 밭의 모든 소산이 다 '처음 것'에 걸리기 때문이다. 즉, 곡식의 처음 것, 포도주의 처음 것, 기름의 처음 것, 무엇 무엇의 처음 것 등으로 풀어서 쓸 수 있는 문장인 셈이다.

이스라엘은 토지소산의 처음 것, 혹은 첫 열매를 먼저 제사장의 몫으로 하나님께 바치고 그것을 제외한 나머지의 10분 1을 십일조로 바쳤다. 이러한 '처음 것'들은 토지소산의 60분의 1 정도였다. 십일조는 정확하게 말하면, 60분의 59 곱하기 10분의 1, 그러니까 토지소산의 600분의 59에 해당하는 분량이었다. 하지만 원래 십일조라는 것이 소산물의 특성상 정확하게 분량을 잴 수는 없는 것이니, 10분의 1 안팎으로 계산하면 되었다.

첫 열매를 먼저 떼고 그 다음 십일조를 계산하는 이스라엘의 풍습은 다른 어떤 것보다 십일조부터 떼어놓아야 한다고 가르치는 한국교회의 권면과 비교가 된다.

또한 '모든 것'의 십일조가 돈(화폐)과는 전혀 관련이 없다는 것은 그 모든 것을 '더미'로 쌓아두었다는 〈역대하〉 31장 6절 이하의 말씀을 볼 때 더욱 확실해진다. 그 모든 것은 '양식(음식)'이었기 때문에 더미로 쌓는 데 몇 달이 걸렸던 것이다 역대하 31:7 참조.

재미있는 것은 이 본문을 해설해놓은 《컬러 큰 성경》의 '십일조에 관한 말씀들' 항목에 나열하고 있는 십일조의 원칙들이다. 그 여섯 번째에 '모든 것의 십일조를 바쳐야 함'이라는 원칙이 나와 있고, 그 원칙에 대한 참조 성구로〈레위기〉27장 30~33절을 들고 있다. 이 구절은 세 번째 원칙인 '소산의 십일조는 하나님의 것임' 의 참조 구절로도 소개되고 있다.《컬러 큰 성경》, 한국찬송가공회, 성서간행사, 1997, p. 699.

〈레위기〉27장 30~33절은 토지소산과 가축의 10분 1을 십일조로 바치라고 하였지 '모든' 소득의 십일조를 바치라고 한 구절이 아니다. 바벨론 포로 이후에는 가축의 십일조는 언급되지 않고 토지소산의 십일조만 언급되고 있다.

농경 목축 사회에서 토지소산과 가축이 '모든' 소득이 아니고 무엇이냐고 따지는 사람들도 있을 것이다. 하지만 그 당시 이미 화폐가 유통되고 있었고 다른 일거리나 매매 행위 등을 통해 여러 형태의 소득이 있었음을 유의해야 한다. 왕정시대로 넘어갈수록 다른 종류의 소득이 다양하게 나오고 있는 것을 보게 된다.

특히 성전세나 헌금, 다른 세금들은 돈으로 냈으나 십일조는 특별한 경우 이외에는 돈으로 내어서는 안 되고 반드시 양식의 형태로 성전 곳간에 들여야 한다는 사실은 십일조의 대상이 '모든' 소득이 아님을 분명히 밝혀주고 있다.

가나안 땅에서 토지 분배가 있은 연후의 토지소산과 가축의 개념은 소득이나 부의 축적 수단이라기보다 양식 차원에서 생각해야 한다. 십일조는 레위인, 또는 가난한 자들과 양식을 나눠 먹는 구제의 정신 가운데서 행하여졌다. 한 가족이 일 년 동안 먹는 양식의 10분 1을 내어놓아 더불어 사는 공동체를 만들어 나갔던 것이다. 그러므로 십일조는 양식의 10분 1은 될지언정 '모든' 소득의 10분 1은 아니다. 적어도 말라기와 느헤미야 시대까지는 십일조가 토지소산의 10분 1로 양식에 국한되었다는 것은《성경》이 분명히 증거하고 있다.

| 회향 : 회향은 일년생물이며 지중해 연안지방에서 야생하고 향기가 나며 열매는 약재 및 조미료로 사용된다. 회향은《마태복음》에 한 번 나오는데 히브리어로 '쉐베트'이고 아랍어는 '쇼바트', 영어로는 '딜dill'이다. 유대인의 경전인《미쉬나》에는 재배식물인 회향dill을 십일조 대상 품목에 포함하고 있으며 유대인들은 이를 잘 지켰다. 예수께서는 바로 이 점을 언급하시면서 박하와 회향과 근채의 십일조는 드리면서 율법의 중요한 의와 인과 신은 버렸던 바리새인들과 서기관들의 외식을 책망하셨다(마태복음 23:23).

그러다가 바리새인과 랍비들이 더 많은 성전 수입을 위해 제사장들과 함께 십일조의 대상을 확대하기 시작했다. 일반적인 토지소산 이외에 박하, 회향 같은 특수작물들도 십일조의 대상이 되도록 했다. 무엇보다 십일조가 변질하기 시작한 것은 화폐 소득을 십일조에 포함시킨 다음부터였다. 화폐 소득을 포함시키자 자연히 십일조의 대상이 '모든' 소득으로 확장되었다.

"화폐와 박하와 및 향료의 십일조는 탈무드의 랍비들이 주문하는 내용이었으나 이는《성경》의 의도를 크게 벗어나는 것이었다."《성서대백과사전 제4권》, 정인찬 옮김, 기독지혜사, p. 752.

중세교회에서도 4세기 무렵 십일조를 채택하고 나서, 근 천

년 가까이 지난 13세기 무렵에 이르러서야 비로소 십일조의 대상을 토지소산에서 '모든' 소득으로 확대시켰다는 사실은 이미 살펴본 바와 같다. 거의 독점체제에 가까웠던 중세교회가 왜 십일조의 대상을 토지소산에서 '모든' 소득으로 확장시키는 데 천년이나 걸렸을까? 그것은 중세교회에서도 전통적인 십일조의 대상은 '모든' 소득이 아님을 잘 알고 있었기 때문이다.

이렇게 화폐 소득을 중심으로 한 '모든' 소득이 십일조의 대상이 됨으로써 십일조가 변질하였고, 그것은 전통적인 십일조 정신을 흐리게 하는 중요한 원인이 되었다. 십일조가 나눔의 양식이 아니라 제사장들과 대제사장들의 치부수단으로 전락한 것이다.

바리새인과 랍비들이 주장하였고 13세기 무렵에 중세교회가 채택한 '모든' 소득의 십일조를 현재 한국교회에서 그대로 받아들이고 있다. 엄밀히 말하면, 전통적인 십일조는 우리가 먹는 양식의 10분 1 정도만 내면 되는 것으로, 굳이 돈으로 계산한다면 일 년 식비의 10분 1 정도 될 것이다. 우리 선조가 '십시일반+匙一飯'이라고 한 말 속에 십일조 정신이 녹아 있는 셈이다.

이러한 점에서 볼 때 한국교회 교인들은 십일조와 관련하여 아무것도 걱정할 필요가 없다고 생각된다. 왜냐하면 한국교회 교인들은 대부분 일 년 식비의 10분 1 정도가 아니라 그 수십 배를 각종 명목의 헌금으로 내는 열성을 지니고 있기 때문이다. 다시 말하면,

전통적인 십일조의 몇 배, 아니 수십 배를 이미 하고 있으니 십일조를 도둑질하고 있는 것이 아닌가 하는 따위의 쓸데없는 걱정은 하지 않아도 된다. 그러한 걱정을 하기보다, 정말 내가 도와야 할 이웃을 외면하고 방관하지 않았나 하는 반성과 회개를 먼저 해야 하지 않겠는가.

그러나 한국교회에서는 식비는커녕 생활비의 10분 1을 십일조로 내겠다고 해도 하나님의 계명을 어기는 듯이 야단이다. 무조건 돈으로 들어오는 '모든' 소득의 십일조를 내라는 것이다. 이러한 주장은 전혀 《성경》의 뒷받침을 받을 수 없는 억지다.

다시 말하건대 십일조는 다른 것이 아니라 나눔의 양식이다. 양식이라는 차원을 벗어나면 그 순간 십일조 정신이 흐려지고 만다.

한국교회에서 '모든' 소득의 십일조를 계산하느라고 얼마나 웃지 못할 일들이 많이 벌어지고 있는가. 다음은 그중 몇 가지 사례이다.

사례 1 월급을 받으면 세금을 공제하기 전 명목상의 임금으로 십일조를 해야 하는지, 세금을 공제하고 난 후의 실질 수입으로 해야 하는지에 관한 질문은 십일조와 관련하여 가장 기초적인 것에 속한다고 할 수 있다. 그러나 세금 이외에 다른 것도 공제해야 하는 상황에서는 문제가 그리 간단하지 않다. 빚 문제까지 겹친다면 혼돈은 더욱 심해진다.

사례 2 목회자 모임에서 빚을 먼저 갚아야 하는가, 십일조를 먼저 해야 하는가 하는 문제로 갑론을박이 벌어진 적이 있었다. 목회자들은 빚을 먼저 갚는 것이 이웃을 위하는 일이므로, 십일조 내는 것보다 빚을 갚는 것이 우선이라는 결론을 내렸다. 하지만 얼마 후에 교단의 강력한 반발에 부딪혀 목회자들은 자기들이 의논하고 토의하여 내렸던 결론을 철회해야만 했다.

사례 3 또 어떤 사람은 월급을 타서 십일조를 하고 나머지 돈을 쪼개어 정기적금에 들었는데 적금 만료가 되어 목돈을 받게 되었다. 이럴 때 이미 십일조를 뗀 돈으로 적금을 했는데도 새로 목돈이 생겼다고 거기에 대한 십일조를 또 해야 하는가? 이러한 질문이 나오자 옆의 교우가 원금에서는 십일조를 안 해도 되고 이자에 한해서만 십일조를 하라고 충고를 해주었다. 왜냐하면 이자는 새로 생긴 소득이라는 것이다.

이런 식으로 우리의 각종 소득을 일일이 점검해 보아야 하는 일은 보통 일이 아니다. 어쩌면 수학 계산 능력이 부족한 사람은 십일조를 제대로 하기가 어려울 것이다. 켄달 목사는 '주의 깊은' 사람이면 충분히 십일조 생활을 할 수 있다고 하였지만, 그러한 이자 액수에까지 깊은 주의를 기울여야 하는지 여간 신경 쓰이는 일이 아니다. 이미 십일조를 떼고 국민연금을 냈지만, 노후에 연금을 타게 될 때에도 비슷한 문제가 발생하게 된다.

사례 4 어떤 교수가 특강을 해달라는 초청을 받고 먼 지역으로 비행기를 타고 갔다. 가는 동안에 밥도 사 먹고 커피도 마시고 간식도 사 먹었다. 구두 밑창이 떨어져 구둣방에 가서 수리도 했다. 이 모든 것이 강의하러 가기 위해 치러진 대가라고 할 수 있다. 강의를 마치고 강의료 50만 원을 받았다.

자, 이제 강의료에 대한 십일조는 어떻게 해야 할 것인가? 일단 비행기 삯을 강의료에서 빼는 것은 기본일 것이다. 그 다음 들어간 경비들은 어떻게 처리해야 하는가? 어쩌면 그 모든 비용이 50만 원을 초과할지도 모른다. 하지만 한국교회는 그 50만 원에 대한 십일조를 요구하는 경향이 있다.

사례 5 아버지가 이미 십일조를 뗀 돈에서 아이들에게 용돈을 주었다. 아이들도 그 용돈에서 십일조를 내야 하는가? 물론 내야 한다는 답이 기다리고 있을 것이다. 이런 식으로 가다가는 돈이 돌아다니는 곳이면 십일조를 계속 떼어야 하는 길고 긴 순환 고리가 이어질 것이다. 가령 111만 원을 벌게 된 아버지가 십일조 11만 원을 떼고 나머지 100만 원을 아들 열 명에게 나누어주었다고 하자. 아들 열 명은 각각 십일조 1만 원씩을 떼게 되어 도합 10만 원의 십일조를 떼는 셈이 된다. 그리고 아들 열 명이 각각 나머지 9만 원을 또 자기 아들 아홉 명에게 1만 원씩 나누어주었다고 하자. 아들의 아들들은 각각 십일조 1,000원을 떼게 되어 한 가정당 9,000원씩 도합 9만 원의 십일조를 떼게 된다. 손자 대까지 내려오는 동안 원래 111만 원이었던 수입에 대한 십일조가 벌써 30만 원이 되는 셈이다. 그러한 일이 용돈이 오가는 추석 명절 같은 날 방안에서 한순간에 이루어질 수도 있다. 이런 식으로 돈이 돌다 보면 십일조로만 나가는 금액이 50만 원, 60만 원 되는 것은 시간문제이다.

사례 6 만 원짜리 한 장이 물건을 산다든지 하여 소비되거나 줄어들지 않고 용돈처럼 1,000명의 사람을 거쳤다고 하자. 만 원짜리 한 장이 그대로 살아 있으면서 십일조로 거둔 돈이 자그마치 100만 원이 된다는 계산이 나온다. 만 명이 모인 자리에서 만 원짜리 한 장을 가지고 이러한 수법을 쓴다면, 순식간에 1,000만 원의 십일조를 거둘 수 있다는 계산이 나온다. 물론 만 원에 대한 십일조는 그 만 원에서가 아니라 다른 돈으로 낸다는 조건에서 그렇다는 뜻이다. 아무런 노동도 없는 가운데 만 원짜리 한 장이 돌아다니기만 해도 이렇게 엄청난 십일조가 거두어지니 이보다 더 기이한 산술算術이 어디 있는가. 이러한 폐단을 없애기 위해서 하나님께서는 사람들이 먹어 치울 수 있는 양식으로 십일조를 요구하셨는지도 모른다.

사례 7 어느 미션 계통의 대학에서 교수들에게 월급을 주면서 미리 십일조를 떼고 지급했다. 교수들이 항의하자 학교 당국에서 대답하기를, 교수들은 교내에 있는 대학교회 소속으로 볼 수 있으므로 대학교회에 내야 하는 십일조를 미리 떼었을 뿐이라고 했다. 물론 그것은 핑계에 불과하고 학교 재정난 때문에 그러한 편법을 썼음이 틀림없다. 이러한 편법이 가능한 것이 바로 '모든' 소득에 대한 십일조의 허점이기도 하다.

사례 8 자유직업가로서 수입이 일정하지 않은 어느 신자가 오랜만에 1,000만 원의 수입이 생겨 100만 원의 십일조를 했다. 그런데 다음 달부터 수입이 일체 없는 기간이 반년이나 이어졌다. 그 신자는 십일조 헌금자 명단이 적힌 주보를 볼 적마다 교회의 목사님이나 다른 신자들이 자기를 어떻게 볼지 염려가 되었다. 한 달에 100만 원의 십일조를 할 수 있는 사람이 십일조 액수가 많으니까 떼어먹고 있지 않나 하고 오해를 할 것 같아서였다. 전통적인 십일조는 일 년에 한 번 하면 되는 것인데 '모든' 소득의 십일조는 대개 달마다 하는 것으로 관례화되어 있다. 달마다 드리는 십일조에 참여할 수 없는 특수직 종사자들은 소외감을 느낄 만도 하다.

사례 9 남편은 교회에 다니지 않는데 전업주부인 아내가 남편의 월급에서 십일조를 떼어 자기 이름으로 헌금을 하면서 남편에게는 알리지 않았다. 나중에 그 사실을 알게 된 남편이 화가 나서 교회를 찾아가 자기 월급에서 바쳐진 십일조를 돌려달라고 했다. 아내의 소득에서 십일조가 나간 게 아니라는 것이었다. 말하자면 아내는 남의 소득을 가지고 자기 소득인 것처럼 꾸며 거짓으로 십일조를 했다는 것이다. 구약성경 시대로 따지면 남의 밭 소산을 가지고 십일조를 바친 꼴이었다.

전업주부로서의 노동의 대가를 고려하더라도 남편의 말은 일리가 있었다. 이때 교회에서는 어떻게 대답해야 하고 어떤 조치를 취해야 하겠는가? 한 번 바쳐진 것은 절대 돌려줄 수 없다는 주장이 있는 반면에, 일종의 행정착오와 같은 것으로 보아 일정 분량은 돌려줄 수도 있다는 주장이 있다.

사례 10 중고 컴퓨터를 팔아 돈을 보태어 최신식 컴퓨터를 사려고 하는데, 이때 중고 컴퓨터를 팔아서 생긴 돈도 십일조를 해야 하는가? 다시 말하면, 중고 컴퓨터를 파는 목적은 그 돈으로 소득을 삼으려고 하는 것이 아니라 최신식 컴퓨터 구매 자금으로 투입하려고 그러는 것인데 잠시 머물렀다 가는 그 돈에까지 십일조를 해야 하는가 하는 질문이다. 돈이 머물러 있는 기간이 길면 십일조를 해야 하고, 머물러 있는 기간이 짧으면 십일조를 하지 않아도 되는가?

작은 집을 팔아 큰 집으로 옮기려고 할 때도 같은 질문을 할 수 있다. 물론 국가에서는 거래가 있는 곳이면 어디나 양도소득세도 물리고 취득세도 물린다. 2억 원 정도의 돈을 굴려 집을 옮기는 과정에서 나라에 바친 세금만 3,000만 원 가까이 되는 때도 있다. 십일조도 나라의 세금처럼 그렇게 해야 하는가? 이것이 '모든' 소득의 십일조가 봉착하고 있는 딜레마이다.

사례 11 우리는 살아가면서 돈으로는 계산할 수 없는 가치 있는 고귀한 일들을 만나게 된다. 가령 어떤 사람이 자기 신장을 하나 떼어내어 생면부지의 환자에게 이식하도록 했다고 하자. 그 신장 값을 얼마로 매겨야 할까? 이때에도 십일조의 원칙을 적용해야 하는가? 그렇다면 여기에 십일조의 원칙을 한번 적용해보자.

우선 신장 값을 2억 원 정도로 잡기로 하자. 신장을 값없이 기증한 사람은 2억 원을 그냥 내어준 셈이 된다. 그 사람이 신자라면 "지극히 작은 자 하나에게 한 것이 곧 내게 한 것이니라" 마태복음 25:40 는 말씀에 따라서 그 2억 원을 하나님께 바친 것으로 여길 수 있다. 20억 원에 대한 십일조라 할 수 있는 엄청난 금액을 바친 것이다. 이 사람이 평생 벌어도 20억 원을 벌 수 없는 사람이라면, 그는 평생 벌 수 있는 돈의 십일조를 이미 넘치게 바친 셈이 된다. 이러한 사람에게 '모든' 소득의 십일조를 강요할 수 있겠는가.

기증을 받은 사람의 입장은 어떠한가? 2억 원에 해당하는 신장을 기증받았으니 그 십일조인 2,000만 원을 교회에 바쳐야 하는가? 아무리 십일조를 강조하는 교회라 하더라도 이러한 사람에게까지 십일조를 내라고 하지는 않을 것이다.

나라마다 세법에 정통한 세무공무원이 있는 것처럼 교회마다 십일조 내는 법에 정통한 신자들이 있다. 십일조와 관련된 갖가지 경우를 쾌도난마快刀亂麻 식으로 척척 잘 해결한다. 하지만 그러한 해결책은 믿음의 차원과는 상관없는 형식적인 절차에 불과한 경우가 많다. 그러한 신자들이나 교회가 제시하는 해결책들을 보고 있노라면 율법이 따로 없다는 생각이 들 정도이다. 십일조는 '율법'이 아니라고 아무리 강조하여도 그러한 느낌을 지울 수 없다.

 이러한 점들은 전통적인 십일조와는 달리 '모든' 소득에 대하여 십일조를 부과하려는 지나친 종교적인 열심 때문에 생긴 부작용이라 할 수 있다. 그러한 면에서는 모세오경에서 규정하고 있는 십일조보다 한국교회의 십일조가 더 율법적인지도 모른다.

 하지만 이 세상에는 돈으로 따질 수 없는 고귀한 가치들이 많이 있다. 그러므로 '모든' 소득의 십일조라는 것은 이러한 가치들 앞에서는 빛이 바래게 된다. 다시 말하면, 십일조로 따질 수 없는, 십일조를 훨씬 초월한 차원이 있는 것이다.

십일조는 그리스도인과 상관없다

원래 이 글의 소제목을 '십일조시대는 지났다'로 잡으려고 했다. 그러나 유대인이 아닌 우리와 같은 이방인들에게는 십일조시대가 지났다느니 아직 계속되고 있다느니 하는 논의 자체가 무의미하다는 결론을 내렸다. 우리와 같이 유대인이 아닌 소위 이방인들에게는 할례시대가 지났다느니 하는 말을 할 필요조차 없듯이 십일조도 그러하다.

초대교회에서도 할례나 십일조가 문제가 되었던 사람들은 유대인으로 있다가 예수를 믿고 그리스도인이 된 사람들이었다. 그들은 그리스도인이 되고 나서도 이스라엘의 백성으로서 당연히 할례를 받고 십일조를 내어야만 했다. 그것은 이제 종교적인 의미를 지니고 있다기보다 국민으로서의 의무였기 때문이다. 할례는 일종의 출생신고와 같은 것이었으며, 십일조는 종교세와 같은 것이었다.

하지만 더 이상 죄를 속하는 성전 제사는 할 필요가 없었고, 또 하지 않았다. 성전 제사는 예수 그리스도의 십자가 희생을 무효로 하는 것이기에 그것은 어떤 일이 있어도 거부해야만 했다. 그래서 그리스도인이 된 유대인들은 스데반과 야고보를 비롯하여 순교 당하는 자들이 속출하였고 유대 당국의 핍박을 받아 흩어져야만 했다.

AD 70년에 성전이 로마군에 의해 철저히 파괴되지 않았다면 성전 제사를 거부하는 유대계 그리스도인들은 더욱 핍박을 받고 순교를 당했을 것이다. 그런데 디아스포라Diaspora(흩어진 유대인)가 되어 곳곳에서 예수를 전하던 유대계 그리스도인 중에는 아직 유대교의 잔재가 남아 있는 사람들이 제법 있었다. 그래서 그들은 이방인들에게 복음을 전하여 예수를 믿게 하면서도 참된 하나님의 백성이 되려면 할례도 받아야 한다고 주장했다. 유대인으로서는 어쩌면 당연한 발상인지도 모른다. 〈갈라디아서〉를 비롯한 바울 서신 곳곳에 그러한 유대계 그리스도인들이 있었다는 사실이 기록되어 있다.

● 베드로 : '반석'이라는 뜻을 가진 베드로는 갈릴리 바다에서 어업을 하다가 예수께 부름을 받았다. 그는 다혈질 성격으로 순간적 충동의 결심이 앞섰고, 예수를 세 번 부인한 적도 있었다. 예수의 승천 후 예루살렘 교회의 기초를 굳히고 선교에 전력하였다. 그가 유대인을 대하는 태도는 보수적이었을망정 편협하지는 않았다. 전승에 따르면 그는 네로 황제의 박해로 말미암아 거꾸로 된 십자가에 못 박혀 순교했다. 그의 무덤은 바티칸의 성 베드로 대성전 아래 있다.

모세 율법과 비유대계 그리스도인의 관계를 정립하는 회의가 예루살렘에서 열렸을 때, 특히 바리새인으로 있다가 예수를 믿은 유대인들이 비유대계 그리스도인(이방인)들도 할례를 받도록 하고 모세 율법을 지키도록 해야 한다고 주장했다 사도행전 15:5 참조.

그 회의에서 많은 변론과 논쟁이 있었다고 했다. 그 많은 변론과 논쟁 중에 십일조에 관한 이야기들도 분명히 오갔을 것이다. 바리새인들이 누구인가. 철저한 십일조주의자들이 아닌가. 그러한 바리새인으로 있다가 예수 그리스도를 믿게 되었을 때 십일조 문제는 어떻게 해야 하는가 하고 고민하지 않을 수 없었을 것이다. 또한 비유대계 그리스도인들에게 할례를 받도록 하라고까지 권유하고 있는 바리새파 그리스도인들이 십일조에 대해서도 이야기를 하지 않았겠는가. 많은 논란이 있은 연후에 드디어 베드로가 일어나 입을 열었다.

"지금 너희가 어찌하여 하나님을 시험하여 우리 조상과 우리도 능히 메지 못하던 멍에를 제자들(비유대계 그리스도인)의 목에 두려느냐" 사도행전 15:10

"우리 조상과 우리도 능히 메지 못하던 멍에들"의 목록 중에 십일조가 들어가지 않았다고 누가 말할 수 있겠는가. 그러한 모든 논의를 가만히 듣고 있던 예수의 동생 야고보가 회의를 주관하는 의

장으로서 결론을 내렸다.

"그러므로 내 의견에는 이방인 중에서 하나님께로 돌아오는 자들을 괴롭게 하지 말고 다만 **우상의 더러운 것과 음행과 목매어 죽인 것과 피를 멀리하라**고 편지하는 것이 옳으니" 사도행전 15:19~20

이 예루살렘 회의와 관련하여 《탈무드》에 나오는 내용 하나를 소개하려고 한다. 마빈 토케이어, 《탈무드》, 우상호 옮김, 두풍, 1990, p. 113.

"탈무드시대의 유대인은 비유대 민족과도 곧잘 어울려서 함께 일하고 생활을 같이 했다. 유대인에게는 천사가 지키라고 일러준 613가지 계율이 있다. 그러나 유대교는 비유대인을 굳이 유대화하려고 하지 않았으므로 선교사를 보내거나 하는 일은 없었다. 단지 상호 간의 평화를 유지하기 위해 비유대인에게 그중에서 꼭 지켜야 할 다음과 같은 계율 일곱 가지만을 주었다.

① 산짐승을 잡아 그 자리에서 날고기로 먹지 마라.
② 남을 욕하지 마라.
③ 도둑질하지 마라.
④ 법을 어기지 마라.
⑤ 살인하지 마라.

● **야고보** : 예수의 동생 야고보다. 그는 예수의 공생애 초기에 갈릴리에서 사역하실 때 예수를 비웃었던 사람이다. 하지만 예수의 부활을 목격한 후에는 예수의 제자가 되었고, 베드로가 예루살렘을 떠난 후에는 예루살렘 교회를 지도하였으며, 예루살렘 총회도 주관했다. 그는 바울에게 교회의 기둥으로 인정받을 정도로 초대교회에서 영향력을 지니고 있었다. 전승에 따르면 AD 62년경 네로의 박해로 총독 안나스의 손에 순교하였다고 한다.

■ 예루살렘 회의 : 예루살렘 종교회의는 교회사 최초의 공의회이다. 이 회의는 소아시아의 안디옥 교회에서 모세오경을 비롯한 구약성경의 율법준수 문제에 대하여 유대계 그리스도인과 비유대계 그리스도인 간의 교리 논쟁으로 열리게 되었다. 안디옥 교회에서는 바울과 바나바 그리고 비유대계 그리스도인들을 예루살렘에 대표로 보내어 사도들과 이 문제를 논의하게 되었다.

⑥ 근친상간하지 마라.
⑦ 불륜을 저지르지 마라."

《탈무드》에서 비유대 민족에게 준 일곱 가지 계율과 예루살렘 회의에서 결정한 비유대계 그리스도인을 위한 네 가지 권면 사항이 비슷한 것은 흥미로운 사실이다. 이렇게 《탈무드》에서조차 비유대 민족을 율법과 계율에 묶어두지 않으려고 했던 것이다.

이상에서 초대교회 예루살렘회의에서 비유대계 그리스도인들의 할례 문제가 어떻게 처리되었는가 하는 것은 명백하다. 그리고 십일조 문제도 마찬가지다. 유대계 그리스도인들은 어떤지 몰라도 비유대계 그리스도인들은 원래부터 할례니 십일조니 하는 모세 율법의 규정들과는 아무 상관이 없었다.

그들은 모세 율법을 지키다가 예수를 믿어 그리스도인이 된 사람들이 아니다. 모세 율법이 있는지도 모르고 있다가 예수를 믿은 사람들에게 다시 모세 율법의 규정들을 지키라고 하는 것은 유대교인으로 만들겠다는 말밖에 되지 않는다. 그래서 베드로가 그 회의 석상에서 다음과 같이 외쳤던 것이다.

"그러나 우리는 그들이 (비유대계 그리스도인) 우리와 동일하게 주 예수의 은혜로 구원받는 줄을 믿노라 하니라" 사도행전 15:11

지금 한국교회들이 주 예수의 은혜로 구원받은 자들에게 십일조(그것도 전통적인 십일조가 아닌 변질한 십일조)를 강요하는 것은 〈사도행전〉 15장에 나오는 바리새파 그리스도인들의 할례 강요와 같은 잘못을 되풀이하고 있는 셈이다.

할례를 받아야 한다는 유대계 그리스도인들의 주장에 넘어가고 있는 비유대계 그리스도인들을 향하여 바울은 다음과 같이 외친 적이 있다. 이 바울의 외침은 십일조와 관련된다고도 할 수 있다.

"그리스도께서 우리를 자유롭게 하려고 자유를 주셨으니 그러므로 굳건하게 서서 다시는 종의 멍에를 메지 말라 보라 나 바울은 너희에게 말하노니 너희가 만일 할례를 받으면 그리스도께서 너희에게 아무 유익이 없으리라 내가 할례를 받는 각 사람에게 다시 증언하노니 그는 율법 전체를 행할 의무를 가진 자라 율법 안에서 의롭다 함을 얻으려 하는 너희는 그리스도에게서 끊어지고 은혜에서 떨어진 자로다 우리가 성령으로 믿음을 따라 의의 소망을 기다리노니 그리스도 예수 안에서는 할례나 무할례나 효력이 없으되 사랑으로써 역사하는 믿음뿐이니라" 갈라디아서 5:1~6

"할례나 무할례나 효력이 없으되 사랑으로써 역사하는 믿음뿐이니라"는 말씀은 "십일조나 무십일조나 효력이 없으되 사랑으로써 역사하는 믿음뿐이니라"는 구절로 고칠 수도 있을 것이다.

이쯤 되면 십일조를 주장하는 사람들은 십일조와 할례는 근본적으로 다른 것이라고 반박을 할 것이다. 지금 한국교회에서 지키는 십일조는 유대인들이 율법적으로 지키던 그것과 달리 그리스도의 은혜에 대한 감사의 표시로 자율적으로 드리는 것이라고 할 것이다. 유대계 그리스도인들도 할례에 대하여 같은 말을 할 수 있다. "우리가 할례를 주장하는 것은 구원의 조건으로서가 아니라(물론 유대계 그리스도인 중에서는 할례가 구원의 조건이라고 주장한 자들도 있긴 하지만) 그리스도의 은혜에 대한 감사의 표시로 몸 일부를 조금 자르라는 것인데, 그것도 못하겠다면 구원의 은혜를 베풀어주신 그리스도에 대한 배은망덕이 아니냐."

하지만 바울의 입장은 단호하다. 율법과 유대교의 잔재가 그리스도인의 신앙에는 조금도 끼어들어서는 안 된다는 입장이다. 그러한 잔재들이 결국 그리스도 십자가의 복음을 흐리게 하고 가로막는 장애물로 작용하기 때문이다.

지금 한국교회 형편도 그러하다. 십일조 문제 때문에 수많은 신자가 하지 않아도 될 쓸데없는 고민을 하고 있고, 십자가 복음의 은혜로 주어진 그리스도인의 자유를 만끽하지 못하고 있다.

〈요한복음〉 1장 12절에 "영접하는 자 곧 그 이름을 믿는 자들에게는 **하나님의 자녀가 되는 권세를 주셨다**"고 했다. 이제 예수를 믿은 우리는 이전의 이스라엘 백성처럼 여호와 하나님과 계약관계에 있는 것이 아니라 하나님을 아버지라 부를 수 있는 친자의 관계로 들어선 것이다.

여기에 관한 말씀으로는 〈갈라디아서〉 4장 1~7절보다 더 나은 말씀이 없을 것이다.

"내가 또 말하노니 유업을 이을 자가 모든 것의 주인이나 어렸을 동안에는 종과 다름이 없어서 그 아버지가 정한 때까지 후견인과 청지기 아래에 있나니 이와 같이 우리도 어렸을 때에 이 세상의 초등학문 아래에 있어서 종 노릇 하였더니 때가 차매 하나님이 그 아들을 보내사 여자에게서 나게 하시고 율법 아래에 나게 하신 것은 율법 아래에 있는 자들을 속 량하시고 우리로 **아들의 명분**을 얻게 하려 하심이라 너희가 아들이므로 하나님이 그 아들의 영을 우리 마음 가운데 보내사 아빠 아버지라 부르 게 하셨느니라 그러므로 네가 이 후로는 종이 아니요 아들이니 아들이면 하나님으로 말미암아 유업을 받을 자니라"

십일조를 내면 축복을 해주는 그러한 계약관계가 아니라 아버지 의 것이 나의 것이요 나의 것이 아버지의 것인 놀라운 친자관계로 들어섰다는 말이다. 계약관계에 있을 때는 계약 상대방의 수입이 얼마고 그 수입의 십일조를 나에게 바치나 안 바치나 따지고 그러 겠지만, 하나님의 자녀가 되는 권세로 말미암아 친자관계로 들어 선 마당에는 그러한 차원을 뛰어넘게 된다. 세상에 어떤 아버지가 자식이 얼마나 벌어오나 일일이 따지고 그 수입의 10분 1이 얼마 나 되는지 전자계산기를 들고 꼼꼼히 계산하고 있겠는가. **하물며** 하늘의 아버지가 되시는 하나님께서 전자계산기를 들고 우리의 십 일조를 계산하시면서 십일조를 바치나 안 바치나 눈을 부릅뜨고 있겠는가. 하나님은 절대 그렇게 하지 않으신다.

"예수께서 이르시되 그렇다면 **아들들은 세를 면하리라**" 마태복음 17:26

또한 〈로마서〉 8장 21절에 보면 "그 바라는 것은 피조물도 썩어

짐의 종 노릇 한 데서 해방되어 **하나님의 자녀들의 영광의 자유**에 이르는 것이니라"고 했다. 하나님의 자녀가 누리는 자유가 얼마나 놀라운 사유인지 '영광의 자유'라고 표현했다. 한국교회는 그동안 십일조의 멍에를 신자들에게 씌움으로써 얼마나 하나님의 자녀들의 영광의 자유를 훼손해왔는가.

처음에는 좋은 의미로 출발했던 십일조라 하더라도 이제 그것이 교회 운영을 위한 편리한 헌금의 방편 정도로 전락하고 율법화되고 있다면 유대교의 잔재를 없애는 의미에서도 십일조라는 용어를 교회에서 사라지게 해야 할 것이다. 얼마든지 다른 이름으로 대체할 수도 있는 십일조를 고집하는 이유가 무엇인가?

십일조가 어떻게 사용되어야 한다는 규정들은 시효가 지난 옛 언약으로 여기고 그대로 따르지 않으면서 십일조를 바쳐야 한다는 규정들만 아직도 시효가 지나지 않은 것처럼 내세우고 있는 것은 하나님을 속이는 일이다.

십일조를 내지 않는 것이 하나님의 것을 도둑질하는 것이 아니라, 이제는 십일조를 내는 것이 하나님의 것을 도둑질하는 꼴이 되고 말았다. 왜냐하면 십일조가 십일조 정신에 따라 쓰이지 않으면 하나님의 것을 도둑질한 셈이 되기 때문이다.

무엇보다 유대교의 십일조는 이방인 그리스도인에 해당하는 우리하고는 원래부터 아무 상관이 없다는 사실을 깨닫고 속히 궤도 수정을 해야 할 것이다. 그렇지 않으면 한국 기독교는 기독교도 아

니요 유대교도 아닌 이상한 방향으로 흘러가면서, '에클레시아εκκλ
ησια(교회 또는 회당)'가 아니라 사이비 '히에론ιερον(성전)'들로 가득하여
질 것이다.

지금도 유대교인들은 모세 율법에 따라 철저히 십일조 생활을 하고 있다. 그러나 십일조를 바칠 성전이 무너졌기 때문에 그들은 공동체의 가난한 자들을 위해 십일조를 전용한다. 유대교인들은 십일조를 바칠 곳이 없게 되는 바람에 오히려 십일조를 십일조 정신에 맞게 사용할 기회를 가지게 된 셈이다.

한국교회는 어떠한가? 회당 정도에 불과한 각 지역의 개교회個敎會들이 도리어 성전 노릇을 하며 십일조를 모아 십일조 정신과는 상관없이 사용하는 것을 보고 유대교인들은 어떻게 생각하겠는가? 〈말라기〉 3장 8절 말씀을 상기하지 않겠는가.

"사람이 어찌 하나님의 것을 도둑질하겠느냐 그러나 너희는 나의 것을 도둑질하고도 말하기를 우리가 어떻게 주의 것을 도둑질하였나이까 하도다 이는 곧 십일조와 헌물이라" 개역한글

십일조는 완전히 폐지되었다

앞에서 살펴본 대로 〈사도행전〉 15장의 예루살렘 회의에서는 비유

대개 그리스도인들에게 할례와 십일조를 비롯한 율법의 멍에들을 지울 필요가 없다는 결론을 내렸다. 이제는 유대계 그리스도인들에게조차도 십일조가 폐지되었다는 사실을 신약성경이 어떻게 증거하고 있는지 살펴보자.

〈요한복음〉 2장 19절에 보면 예수께서 성전을 가리키면서 "너희가 이 성전을 헐라 내가 사흘 동안에 일으키리라"고 말씀하셨다. 그러자 유대인들이 따지고 들었다. "이 성전은 사십육 년 동안에 지었거늘 네가 삼 일 동안에 일으키겠느냐." 사도 요한은 이 사건에 대해 해설을 달아놓았다.

"그러나 예수는 **성전된 자기 육체**를 가리켜 말씀하신 것이라 죽은 자 가운데서 살아나신 후에야 제자들이 이 말씀하신 것을 기억하고 성경과 예수께서 하신 말씀을 믿었더라" 요한복음 2:21~22

이 말씀은 예수께서 우리 죄를 위한 화목제물로 십자가에 죽으시고 사흘 만에 다시 살아나신 후에는 성전 제사가 폐하여질 것이라는 말씀이다. 왜냐하면 예수께서 단 한 번 완전한 제사를 드림으로서 이제 성전 제사가 필요 없도록 하였기 때문이다.

또한 〈요한복음〉 4장에서도 그리심 산에 있는 성전에서 예배를 드리는 것이 참된 예배인지, 예루살렘 성전에서 예배를 드리는 것이 참된 예배인지 의문이 많은 사마리아 여자에게 예수께서 다음

■ **우물가의 사마리아 여인**(카라치, 1560~1609, 캔버스에 유채, 170×225cm, 밀라노 브레라 미술관) : 사마리아는 북이스라엘의 수도이다. 사마리아는 여호수아가 가나안을 정복하여 12지파에게 땅을 분할해 줄 때 에브라임, 단, 므낫세 지파에게 준 땅이 곧 예수 당시의 사마리아다. 이곳을 아시리아 왕 살마네세르는 정복하여 취하였다. 이때 살마네세르는 이스라엘 백성을 포로로 다른 지방으로 옮기고 아시리아 백성을 사마리아로 옮겼다(열왕기하 17:3~6, 24). 그 후 마케도니아 알렉산드르 대왕이 점령하여 사마리아인을 축출하고 자기 백성을 사마리아에 살게 하여 자연히 상호 혼혈이 되어버렸다. 그때부터 유대인들은 사마리아인을 이방인으로 여겼다. 그러면서 유대인은 그 지역에 가지도 않고 그곳 주민과는 상종도 하지 않으므로 갈릴리를 갈 때는 사마리아를 통과하지 않고 멀리 요단강으로 돌아서 다녔다. 예수는 그것을 관계치 않고 통과하다가 수가성에 있는 야곱의 우물가에서 사마리아 여인을 만나 생수의 원리와 예배의 원리를 가르쳐 주셨다(요한복음 4:3~14).

과 같이 말씀하셨다.

"여자여 내 말을 믿으라 **이 산에서도 말고 예루살렘에서도 말고** 너희가 아버지께 예배할 때가 이르리라 …… 아버지께 참되게 예배하는 자들은 영과 진리로 예배할 때가 오나니 곧 이 때라 아버지께서는 자기에게 이렇게 예배하는 자들을 찾으시느니라" 요한복음 4:21~23

이 말씀도 얼마 있지 아니하여 성전 제사가 폐하여지고 신령과 진정으로 드리는 새로운 예배가 이루어질 것임을 의미하고 있다.

사도 바울 역시 바로 이러한 진리를 밝히는 데 혼신의 힘을 기울이고 있다. 성전 제사 폐지에 관한 가장 직접적이고 분명한 표현은 〈히브리서〉에서 찾아볼 수 있다. 〈히브리서〉는 유대계 그리스도인들에게 보내진 편지로, 전체 주제가 성전 제사 폐지라고 하여도 과언이 아니다.

"이 장막은 현재까지의 비유니 이에 따라 드리는 **예물과 제사**는 섬기는 자를 그 양심상 온전하게 할 수 없나니 이런 것은 먹고 마시는 것과 여러 가지 씻는 것과 함께 육체의 예법일 뿐이며 개혁할 때까지 맡겨 둔 것이니라" 히브리서 9:9~10

"위에 말씀하시기를 주께서는 **제사와 예물**과 번제와 속죄제는 원하지도 아니하고 기뻐하지도 아니하신다 하셨고 (이는 다 율법을 따라 드리는 것이라) 그 후에 말씀하시기를 보시옵소서 내가 하나님의 뜻을 행하러 왔나이다 하셨으니 그 첫째 것을 폐하심은 둘째 것을 세우려 하심이라" 히브리서 10:8~9

예물과 제사가 '개혁할 때까지'만 시행되어 오다가 이제 폐하여졌음을 분명히 밝히고 있는 말씀이다. 여기서 제사만 폐하여졌다고 하지 않고 '제사와 예물'이 함께 폐하여졌다고 한 사실에 주목

할 필요가 있다.

성전에서 짐승을 잡아 피 흘려 드리는 제사가 폐하여진 사실은 그리스도인이라면 누구나 인정하고 있다. 그런데 예물까지 폐하여진 사실에 대해서는 그리 주목을 하지 않는 편이다. 예물은 다시 말해 성전 제사와 관련하여 드리는 갖가지 헌물이다. 경우에 따라 드려야 하는 예물의 종류가 무척 다양하다.

우선 죄를 속하는 제사와 관련된 갖가지 예물이 있었다. 여기에는 소와 양을 비롯한 짐승들이 있다. 이러한 짐승들을 가져올 만한 경제력이 없으면 산비둘기와 집비둘기를 가지고 와도 좋다고 했다. 또한 소제의 예물이라 하여 죄를 속하는 제사와 직접 관계가 없는 예물들도 있었다. 고운 기름과 고운 가루, 유황들이 그것이었다. 단 위에 불살라서 향기로운 냄새가 피어나도록 했다.

성전에서는 짐승을 잡으므로 피 냄새와 오장육부의 비린내가 진동하게 마련이다. 이러한 역겨운 냄새를 중화시키기 위해서도 소제의 예물과 같은 향기로운 냄새를 내는 예물들이 필요했던 것이다. 그러므로 소제의 예물도 죄를 속하는 제사와 직접 연관은 없다 하더라도 그 제사를 간접적으로 돕는 중요한 역할을 하고 있다.

그 외 다른 예물도 직간접적으로 죄를 속하는 제사와 관련이 있는 법이다. 그러므로 예물의 종류를 죄를 속하는 제사와 관련이 있는 것과 관련이 없는 것으로 구분하여, 〈히브리서〉의 예물은 죄를 속하는 제사와 관련이 있는 것만을 가리킨다고 주장하는 것은 억

지인 셈이다. 그러면 십일조가 성전 예물에 포함되는 것인가? 십일조가 성전 예물에 포함되는 것이라면 이제는 제사와 함께 폐하여진 것이 분명하다.

예물은 드리는 방법에 따라 크게 두 가지로 나누어진다. 요제물과 거제물이다. 요제물은 흔들어서 드리는 것이요, 거제물은 두 손으로 들어 올려 드리는 것이다. 어떤 것을 요제물로 드리고 어떤 것을 거제물로 드려야 하는지 율법에 세세하게 규정을 해놓고 있다. 십일조는 거제물에 속하는 예물이었음을 다음 말씀들을 통해 금방 알 수 있을 것이다.

"이스라엘 자손이 여호와께 **거제**로 드리는 십일조를 레위인에게 기업으로 주었으므로" 민수기 18:24

"그 십일조의 십일조를 **거제**로 여호와께 드릴 것이라" 민수기 18:26

"너희는 이스라엘 자손에게서 받는 모든 것의 십일조 중에서 여호와께 거제로 드리고 여호와께 드린 그 **거제물**은 제사장 아론에게로 돌리되" 민수기 18:28

십일조는 항상 여러 예물과 함께 열거되는 경우가 많다. 죄를 속하는 제사와 직접 관련이 있는 예물들과도 나란히 열거되어 있다.

"너희의 번제와 너희의 제물과 너희의 십일조와 너희 손의 거제와 너희의 서원제와 낙헌 예물과 너희 소와 양의 처음 난 것들을 너희는 그리로 가져다가 드리고" 신명기 12:6

"너희는 너희의 하나님 여호와께서 자기 이름을 두시려고 택하실 그 곳으로 내가 명령하는 것을 모두 가지고 갈지니 곧 너희의 번제와 너희의 희생과 너희의 십일조와 너희 손의 거제와 너희가 여호와께서 원하시는 모든 아름다운 서원물을 가져가고" 신명기 12:11

"너는 곡식과 포도주와 기름의 십일조와 네 소와 양의 처음 난 것과 네 서원을 갚는 예물과 네 낙헌 예물과 네 손의 거제물은 네 각 성에서 먹지 말고" 신명기 12:17

이 모든 것은 십일조가 분명히 성전 예물 중 하나였음을 말하고 있다. 그리고 십일조는 죄를 속하는 제사와도 분명히 관련이 있는 예물이었다. 죄를 속하는 제사를 드리는 레위인과 제사장들의 생계를 돕는 십일조 예물이 어찌하여 죄를 속하는 제사와 관련이 없다는 것인가.

죄를 속하는 제사가 폐하여졌으면 그 제사를 돕는 예물들도 당연히 폐하여져야 하지 않은가. 제사와 예물이 폐지된 지금 십일조만이 살아남아 있을 필요가 어디 있는가. 다만 십일조 정신을 따라

의심하는 도마(카라바조, 1602~1603, 캔버스에 유채, 107×146cm, 독일 포츠담 신궁전) : 예수께서 우리 죄를 위한 화목제물로 십자가에 죽으시고 사흘 만에 다시 살아나신 후에는 성전 제사와 예물이 분명히 폐하여질 것이라고 말씀하셨다(요한복음 2:21~22, 히브리서 9:9~10). 그러나 지금도 십일조가 존재하는 이유는 무엇일까? 어느 시대나 진실을 이야기한다는 것은 때로는 사람들의 무시와 조롱과 비난을 받는다. 예수가 부활했다는 사실을 전할 때도 그랬다. 도마가 처음 예수의 부활을 믿지 못하였던 것처럼, 아직도 많은 그리스도인이 예수의 부활로 십일조가 폐하여졌다는 사실을 믿지 못하고 있다.

어려운 사람들을 돌아보고 목회에 힘쓰는 분들을 지원하기 위해 힘을 모아 연보를 하면 되는 것이다. 구태여 《성경》에서 폐지되었다고 하는 십일조를 끌어올 필요가 없다.

그런데 어쩌다가 한국교회가 십일조를 고집하는 지경으로 떨어졌을까? 여러 가지 원인이 있겠지만, 무엇보다 그러한 규정을 만들어놓지 않으면 헌금을 제대로 하지 않을 것이라는 선입견이 작용한 결과라고 할 수 있다. 말하자면 신자들의 자율성을 신뢰할 수 없다는 말이다.

이러한 사고방식이 확산하여 건축헌금 같은 것을 할 때도 신자들의 자율적인 믿음에 맡기기보다 반강제로 정기적금에 들게 하거나 미리 은행 대출을 받아 달마다 갚아나가라는 식으로 몰아붙인다. 또한 권사나 장로로 세움을 받을 때도 수백만 원에서 수천만 원씩 액수를 정하여 헌금하도록 한다. 왕 같은 제사장이요 거룩한 나라로까지 불리는 신자들에게 그러한 강요는 치욕적인 것이다. 신자들이 얼마나 자율적인 존재이어야 하는지 사도 요한이 다음과 같이 밝히고 있다.

"너희는 주께 받은 바 기름 부음이 너희 안에 거하나니 아무도 너희를 가르칠 필요가 없고 오직 그의 기름 부음이 모든 것을 너희에게 가르치며 또 참되고 거짓이 없으니 너희를 가르치신 그대로 주 안에 거하라" 요한일서 2:27

대부분 한국교회는 신자들이 이만큼 자율적인 믿음의 소유자로 성숙하는 것을 꺼리는 것 같다. 언제까지나 말 잘 듣는 초등학생 정도로 머물러 있었으면 하고 바라는지도 모른다. 그렇지 않고서야 어떻게 그러한 이상한 형태의 헌금을 강요할 수 있단 말인가.

이 모든 것이 십일조 발상에서 비롯되었음은 두말할 나위가 없다. 그러므로 그러한 발상의 싹을 애초부터 자르기 위해서도 십일조라는 이름을 교회에서 사라지게 해야 한다.

또한 예수께서 죽으시고 부활하신 이후에는 《성경》에 십일조라는 말이 한 번도 나오지 않는다는 점을 주시해야 한다. 그야말로 십일조라는 말이 신약성경에서 완전히 사라진 것이다. 그 많은 바울 서신에서도 십일조라는 말이 보이지 않는다. 〈히브리서〉에 나오는 십일조라는 말은 아브라함이 전리품의 10분 1을 준 멜기세덱의 제사장직을 설명하기 위해 잠시 언급되었을 뿐이다.

믿음 장으로 유명한 〈히브리서〉 11장에서도 그 많은 믿음 중에 십일조를 드린 믿음은 언급되지 않는다. 일곱 교회를 격려하고 꾸짖는 〈요한계시록〉 2장과 3장에서도 십일조를 내지 않았다고 꾸지람을 받은 교회가 없고 십일조 생활을 잘했다고 칭찬받은 교회도 없다. 요즈음 한국교회 설교 분위기로는 그 일곱 교회 책망 부분에서 십일조를 도둑질했다는 책망이 나올 법도 한데 말이다.

예수 그리스도 십자가와 부활 이후로는 십일조라는 말이 지상에서 깨끗이 사라져버린 이 현상이 이상하지 않은가? 어떤 사람은 십일조를 내는 것이 너무도 당연하기 때문에 신약성경에 언급될 필요조차 없었다고 억지를 부린다. 그러면서 《성경》에 십일조를 내지 말라고 쓰여 있는 구절이 있으면 대보라고 큰소리를 친다.

십일조를 내는 것이 그렇게 엄청난 축복을 받는 비결이라면 신앙생활의 지침에 대하여 구석구석까지 세세하게 밝히고 있는 바울이 왜 십일조라는 말을 한마디도 하지 않고 있는가. 십일조를 내는 것이 너무도 당연하기 때문에 신약성경에 언급될 필요조차 없었던 것이 아니라 십일조가 폐지된 것이 너무도 당연하기 때문에 신약성경에 한마디도 언급이 없다고 보는 편이 더욱 설득력이 있지 않은가.

더군다나 성전이 아직 건재하고 제사장들과 레위인들이 성전을 섬기고 있는 그 시대에 제사장과 레위인의 생계 수단인 십일조를 초대교회가 빼앗아왔을 리가 만무하다. 그것이 신약성경에서 십일조라는 말이 한 번도 언급되지 않는 이유 중 하나일 것이다. 십일조 논의를 할 때는 모든 신약성경이 성전이 파괴되기 전, 즉 AD 70년경 이전에 기록되었다는 사실을 염두에 두어야 할 것이다.

무엇보다 바울이 스스로 천막을 치며 생활비를 벌어가면서 복음을 전한 것을 볼 때 바울이 개척한 그 수많은 초대교회는 십일조를 거두지 않았음이 분명하다.

"그런즉 내 상이 무엇이냐 내가 복음을 전할 때에 값없이 전하고 복음으로 말미암아 내게 있는 권리를 다 쓰지 아니하는 이것이로다" 고린도전서 9:18

"형제들아 우리의 수고와 애쓴 것을 너희가 기억하리니 너희 아무에게도 폐를 끼치지 아니하려고 밤낮으로 일하면서 너희에게 하나님의 복음을 전하였노라" 데살로니가전서 2:9

"누구에게서든지 음식을 값없이 먹지 않고 오직 수고하고 애써 주야로 일함은 너희 아무에게도 폐를 끼치지 아니하려 함이니" 데살로니가후서 3:8

그리고 흉년이 들어 형편이 어려운 예루살렘 교회 신자들을 돕기 위해 여러 교회로부터 연보를 거둘 때도 바울이 십일조 개념을 끌어들였으면 그렇게 간곡한 말로 연보에 대하여 길고 긴 편지를 쓰지 않아도 되었을 것이고, 더욱 효과적으로 헌금을 모았을 것이다 고린도후서 8:1~9:15 참조. 십일조 정신에도 합치되고 얼마든지 십일조라는 명목으로 거둘 수도 있는 그 구제 연보를 바울은 십일조 제도에 의지하지 않고 신자들의 자율적인 믿음에 의지하여 모은 사실이 무엇을 의미하는가? 그것은 단 한 가지 이유밖에 없다. 그리스도께서 자유롭게 하신 신자들의 목에 종의 멍에를 메우지 않으려고 그랬던 것이다 갈라디아서 5:1 참조.

그런데 《십일조》의 저자 켄달 목사는 초대교회 때도 신자들이 십일조를 냈다는 사실을 증명하려고 《성경》 말씀을 아전인수식으로 해석한다.

"〈고린도전서〉 16장 2절의 '매주 첫날에 너희 각 사람이 수입에 따라 모아 두어서 내가 갈 때에 연보를 하지 않게 하라' 중에서 '수입에 따라' 라는 구절로 인해, 바울의 독자들은 그가 의미하고자 한 바가 무엇인지 정확하게 알고 있었던 것으로 역시 추측된다. '수입에 따라' 라는 구절은 실제로 십일조라는 단어를 사용하지 않았어도 십일조를 가리키고 있음이 분명하다." R. T. 켄달, 《십일조》, 송성진 옮김, 생명의말씀사, 1985, p. 36.

"그러므로 바울이 고린도교회에 권면하기를 모든 그리스도인은 '수입에 따라 모아 두어' 고린도전서 16:2야 한다고 한 것은 십일조가 새 언약에 의하여 폐지되지 않았다는 것을 보여주고 있는 것이다." R. T. 켄달, 《십일조》, 송성진 옮김, 생명의말씀사, 1985, p. 77.

과연 그러한가? '수입에 따라'가 십일조를 내라는 말이었겠는가? 켄달 목사는 바울 서신을 받는 독자들이 '수입에 따라'라는 말이 무슨 뜻인지 정확하게 알고 있었을 것이라고 하는데 지금 바울 서신을 받는 독자들이 누구인가? 유대계 그리스도인들이 아니라 고린도의 비유대계 그리스도인들이다. 유대계 그리스도인들이라면 몰라도 비유대계 그리스도인들이 바울의 '암호'를 십일조라고 풀었단 말인가.

절대 그렇지 않다. 앞에서도 말했지만, 성전이 건재하고 있는 그 당시에 바울이 십일조를 운운하여 레위인들의 십일조 양식을 빼앗았을 리가 없고, 특히 고린도의 이방인 신도들에게는 예루살렘 회의의 결정을 따라 십일조의 멍에를 지워서는 안 되기 때문에 십일조를 말할 필요조차 없었다.

또한 바울은 비록 바리새인이긴 하였지만, 전통적인 십일조가 돈과는 관련이 없음을 잘 알고 있었다. 돈으로 연보를 거두어 가난한 예루살렘 신자들을 돕고자 하는 마당에 토지소산을 의미하는 십일조를 들먹거렸을 리 없다. 또한 '모든' 소득을 대상으로 하는 변질된 십일조를 바울이 고린도 교인들에게 권하였을 가능성은 더더구나 없다.

그렇다면 '수입에 따라'란 무슨 뜻인가? 그것은 〈고린도후서〉 8장 11~12절에 나오는 '있는 대로'라는 말과 똑같은 의미이다. 십일조를 말한 것이라면 바울이 〈고린도후서〉 9장 7절에서 "각각 그 마음에 정한 대로 할 것이요"라는 말을 할 필요가 없었을 것이다. 또한 어떤 사람은 '연보'라는 말이 헬라어로 다양하게 쓰인 사실을 근거로 내세우며 연보에 십일조가 포함되어 있다고 억지 주장을 한다. 연보와 관련된 헬라어들은 9장에 자세히 설명되어 있다.

미국의 어느 목사는 십일조를 강조하는 책에서 〈히브리서〉 7장을 해석하면서 참으로 터무니없는 주장을 했다.

"또 여기는 죽을 자들이 십분의 일을 받으나 저기는 산다고 증거를 얻은 자가 받았느니라" 히브리서 7:8

그는 '여기'라는 말을 헬라어까지 동원하여 해석하면서 〈히브리서〉를 쓴 저자가 다니는 교회를 가리키는 말이라고 했다. '여기' 교회에서 죽을 자들이 10분의 1을 받는다고 했으니 초대교회 때도 십일조를 거두었다는 것이다.

〈히브리서〉 7장은 레위인의 제사장직과 멜기세덱의 제사장직을 비교하고 있는 부분으로 초등학생 정도의 언어능력만 있다 해도 '여기'는 레위인을, '저기'는 멜기세덱을 가리킨다는 사실을 금방 알 수 있을 것이다.

지각이 있는 목사가 이런 식으로까지 《성경》을 해석하면서 십일조를 주장하는 것을 볼 때 십일조 광신자라는 혐의를 두지 않을 수 없다. 광신자가 아닌 다음에야 너무도 분명한 《성경》 구절을 어떻게 이런 식으로 해석할 수 있단 말인가.

십일조주의자들이 바울 서신이나 〈히브리서〉에서 아무리 십일조에 관한 근거를 찾으려고 하여도 실패하고 말 것은 자명한 이치이다. 왜냐하면 십일조시대는 이미 지났고 그리스도인은 십일조와는 아무 상관이 없기 때문이다.

TIP

탈무드의 십일조

《탈무드》의 〈미쉬나〉는 제물에 대해 많은 내용을 다루고 있다. 히브리어 '테루마'는 제의용어로서 다양한 제물을 통칭하는 말이다. 구약성경에서 소개하는 '테루마'의 종류에는 제사장 임직식 제물의 넓적다리(출애굽기 29:27), 첫 반죽 봉헌물(민수기 15:19~20), 십일조(민수기 18:24~28), 거룩한 예물(민수기 18:19, 우리말성경), 전쟁의 전리품(민수기 31:28, 32) 등이 여기에 속했다. 그러나 〈미쉬나〉〈테루모트〉편의 해석은 다르다. 제사장들에게 '테루마'를 바치게 하되, 원래는 곡식과 포도주와 기름에 한해 십일조를 바쳤으나(신명기 12:17), 랍비들은 땅에서 나는 모든 소출로 확대하여 해석했다.

"곡식의 열매는 처음 것을 따로 두어야 하며, 그리고 난 후에 큰 테루마를 떼고, 그 다음에는 첫째 십일조를 떼고 그 다음은 두 번째 십일조를 떼며, 그 다음은 가난한 자를 위한 십일조를 떼어 두어야 한다."

히브리인들은 토지소산은 물론 가축의 소산에서 첫 열매를 하나님의 것으로 인정하여 드렸는데, 〈미쉬나〉는 이를 '큰 예물'이라고 불렀다. 그러나 《성경》에는 큰 예물의 십일조(신명기 18:4~5)의 분량에 대한 내용은 없다. 하지만 랍비들은 〈미쉬나〉의 〈제사장의 헌물〉편에서 보면, 보통 넉넉한 사람은 40분의 1을, 보통인 사람은 50분의 1을, 가난한 사람은 60분의 1을 바치게 한 것을 볼 수 있다.

"그러나 너를 책망할 것이 있나니 너의 처음 사랑을 버렸느니라
그러므로 어디서 떨어졌는지를 생각하고 회개하여 처음 행위를 가지라"

| 요한계시록 2:4~5 |

Chapter 8

맘몬에 물든 한국교회

 교회는 필요 이상으로 돈이 모아져서는 안 된다. 돈이 쌓이면 쌓일수록 이권이 형성되고 바울이 우려한 대로 "경건을 이익의 방도로 생각하는 자들의 다툼" 디모데전서 6:5 이 일어난다. 교회의 불투명한 재정 관리로 인한 문제들이 여기저기서 터지고 있다. 특히 목사들의 공금횡령이 사회문제로까지 대두되고 있다. 그 사례들을 정리함으로써 반면교사反面教師로 삼고자 한다.
 익명으로 처리한 다음의 사례들은 사회적으로 이미 드러나 기사화되기도 하고 법정의 판결을 받기도 했다. 그 내용을 들여다보면 교회의 헌금과 관련된 구조적인 문제가 무엇인지 짐작할 수 있다.

교회의 불투명한 재정관리

●**맘몬**: 맘몬은 부정한 방법으로 획득한 이익이나 뇌물, 윤리에 어긋난 재산을 뜻한다. 그래서 중세시대에는 두 개의 새 머리와 검은 몸, 큰 발톱을 가진 모습을 한 악마로 그려졌다. 《성경》에서 맘몬은 부정하게 획득하거나 사용하는 돈만이 아니라 사람을 속박하여 하나님의 부름을 거절하게 하는 재물을 가리킨다. 그래서 〈누가복음〉 16장 13절과 〈마태복음〉 6장 24절에 보면 "한 사람이 두 주인을 섬기지 못할 것이니 혹 이를 미워하고 저를 사랑하거나 혹 이를 중히 여기며 저를 경히 여김이라 너희가 하나님과 재물을 겸하여 섬기지 못하느니라"고 말씀하고 있다.

●**당회**: 개신교에서 개교회의 교회 운영 전반을 합의하고 결정하는, 목사와 장로들로 구성한 모임을 말한다. 당회는 범죄한 자를 소환 심문하고 증인의 증언을 청취하여 범죄한 증거가 명백할 때에는 권징하며, 지교회의 토지·가옥·부동산 등을 관리하기도 한다.

사례 1 어느 대형교회의 재정 감사 결과가 공개됐다. 한마디로 재정관리에 원칙이 없었다. 목사는 교회 기금으로 펀드에 가입한 것과 목회비와 자녀 유학비가 과도하게 지출된 것을 사과하며 사의를 표하고 노회에 사직서를 제출했다. 감사팀은 목사가 1억 5,000만 원의 대외협력비 중 일부를 다른 명목으로 썼다고 발표했다. 감사팀은 펀드 가입과 관련된 내역도 구체적으로 보고했다. 100억 원이 넘는 거금을 투자했지만, 당회●의 의결은 없었다. 7억여 원의 수익을 냈지만, 정기예금으로 돌렸을 경우 이자 수익이 더 있었을 것이므로 결국 손실로 봐야 한다고 했다. 원칙 없고 임의적인 재정 운영은 헌금 관리에서도 여실히 드러났다. 교회의 수입과 지출 내역을 보고한 감사위원은 '당일 들어온 헌금 전액을 통장에 입금하지 않고, 지출해야 할 돈을 빼고 나머지만 입금했다. 그래서 헌금 규모를 정확하게 집계할 수 없었고, 현금 흐름을 파악할 수 없었다'고 했다.

목사가 사임함으로써 사태가 해결된 것 같았던 교회가 다시 시끄러워졌다. 교인 두 명이 교회를 상대로 회계장부 열람 및 등사 가처분 신청을 했다. 당회는 교회 법무팀이 소송 문제를 담당하고, 비용은 교회 예비비에서 지출하기로 결정했다. 이 소식이 알려지자 교인들의 반응은 엇갈렸다.

목사를 지지하는 교인들은 회계장부 공개에 반대했고 다른 교인들은 회계장부 공개에 찬성했다. 회계장부 열람은 교인의 권리이며 재정 내역을 외부로 유출하는 것과는 별개 문제라고 했다.

목사를 반대하는 교인들은 당회를 신뢰할 수 없다고 선언하고 안수집사회를 결성했다. 안수집사회는 제직회를 열라고 주장했으나 당회는 교회가 안정될 때까지 제직회를 연기한다고 발표했다. 한편 교회를 상대로 한 회계장부 열람 및 등사 가처분이 받아들여졌다. 법원은 채권자가 공동의회 구성원이므로 회계장부 열람 권리가 있다고 했다. 가처분 신청은 교회 예산 집행 심사와 재산 상황 파악, 임원의 업무 집행 감시를 위한 당연한 권리 행사라는 것이다.

사례 2 또 다른 교회에서도 불투명한 재정관리로 분란이 일어났다. 목사를 반대하는 측의 교인들은 목사를 횡령 및 배임 혐의로 검찰에 고발했다. 불법 청빙과 목사 의무 위반으로 노회에도 고발했다. 그 교회가 속한 교단 헌법은 해외 시민권자의 담임목사직 임명을 금지하고 있다. 미국 시민권자인 목사는 청빙 당시 교인들에게 시민권 포기를 약속했다. 하지만 약속 이행은 이뤄지지 않았다. 하지만 문제의 핵심은 재정 비리 의혹이었다.

목사는 독일에서 열린 선교집회 강사로 다녀온다는 명목으로 교회로부터 1,500만 원의 출장비를 받았으나 그 집회에 다녀오지 않았다. 출장비에 대해 목사는 입금 사실조차 몰랐다고 했다. 목사가

● **투명한 재정관리의 교회성장**: 신자들이 하나님께 감사하여 드린 각종 헌금을 교회에서는 신앙고백을 바탕으로 책임 있게 사용해야 한다. 재정관리도 투명해야 한다. 그러나 현실은 그렇지 못하다. 목회자들은 돈이 가져다주는 편의와 자기 명예 욕망과 싸워야 한다. 모 기념교회의 목사는 재정관리를 투명하게 하려고 매월 결산보고를 교회 홈페이지에 공개하고 있다. 지방의 '깡통 교회'로 알려진 모 교회는 재정 70퍼센트를 선교비로 사용하며 그 지출 내용을 투명하게 밝히고 있다. 그러한 교회의 신자들은 자신들의 교회와 담임목사를 자랑스러워하며 더욱 헌신한다. 목회자가 욕심과 욕망에 사로잡히면 신자들은 구덩이에 빠지게 되고, 목회자는 하나님의 영광을 가리게 된다.

그 돈이 입금된 사실을 몰랐다고 하는 것은 개인 통장으로 다른 명목의 거액의 돈이 입금되고 있었기 때문이다. 목사 반대파 교인들은 '목사가 부임하고 시작한 교회 카페의 수익금이 목사 개인 통장으로 입금된다. 카페 담당자가 선교헌금 명목으로 목사에게 수익금을 주면, 목사는 이를 개인 통장에 입금해 체크카드로 사용한다. 교회 바자회 수익금도 같은 방식으로 입금되어 사용된다'고 했다. 이들은 4억 원 가량을 횡령한 혐의로 검찰에 목사를 고발했다.

목사의 세 자녀의 유학비도 도마에 올랐다. 연간 교회 장학 예산이 1억 7,000만 원 가량 되는데 그중 1억 2,000만 원 정도가 목사 자녀 유학비로 사용되고 있다는 것이다. 또한 목사는 신장 기증을 이유로 건강 관리비 1,000만 원을 받았으나 이틀 후 퇴원했고 신장 기증은 이뤄지지 않았다. 그리고 교회 헌금으로 1,400만 원 상당의 호화 돌침대를 구매했고, 명예박사 학위를 받자 당회가 대학 지원금으로 목사에게 지급한 1,200만 원도 사용처가 명확하지 않다는 것이다. 목사 반대파 교인들은 '현재 목사의 연봉은 상여금 450퍼센트를 포함해 1억 8,000만 원이며, 운영위원 당회원 3명을 제외한 다른 당회원들도 모르게 5년간 175퍼센트나 상승했다'고 밝혔다. 이외 특별한 사용처 항목이 없는 목회 지원비도 700만 원 이상 매달 지급되고 있다고 했다.

교회의 불투명한 재정관리는 비단 위에 언급한 두 교회의 문제만은 아니다. 교회 규모가 클수록 막대한 재정관리가 투명하게 이루어지지 않고 교인들에게 재정 수입 지출 보고가 제대로 되고 있지 않은 실정이다.

목회자들의 공금 횡령

사례 1 교회 재정 32억 원을 횡령한 혐의로 검찰에 기소되어 공판 중인 목사가 또 다시 39억 원을 횡령한 혐의로 고발당했다. 그 교회 장로에 따르면, 교회의 사무국·재정국·선교국 등 각 국은 목적에 맞게 지출 결의서를 작성, 재정국으로부터 자금을 받아 사용한다고 한다. 그런데 선교국과 사무국이 일체의 증빙 서류 없이 39억 원을 임의로 사용했다는 것이다. 장로는 선교국과 사무국이 전도 명목으로 39억 원을 사용한 때가 목사가 직접 재정을 관리했던 시기인 것으로 보아, 현재 진행 중인 32억 원 횡령 혐의 사건과도 관련성이 높다면서 추가 고발 이유를 밝혔다.

그 교회는 두 차례나 장부를 공개하라는 법원의 명령을 받았으나 이를 거부했다. 결국 집행관이 직접 장부 등을 수거하여 보관했고 가처분 결정이 내려온 뒤에야 교회 측이 일부 자료를 집행관에게 제출하여 장부가 공개됐다. 이때 제출된 자료에서 39억 원이 적법한 절차 없이 임의로 사용된 사실이 드러났다. 교회 측은 가처분을 신청한 33명 중 13명을 즉각 제명 처리했다. 나머지 20명은 이전

● **인격과 자질** : 요즈음 한국교회가 언론과 신자들로부터 질타를 맞고 있다. 이는 신자들이 과거와는 다르게 목회자의 말이라면 무조건 맹신하며 따르지 않는다는 증거이기도 하다. 목회자들은 이제 합당한 자질과 인격을 갖추며 바르게 《성경》을 가르쳐야 한다. 목회자는 소명을 사업수단으로 이용하면 안 되며, 세상 권세를 부러워하지 말아야 한다. 교회 재산을 자신의 영리 목적으로 사용하지 말아야 하며, 교회 공금을 횡령하지 말아야 한다. 경제적으로 너무 사치하지 말아야 한다. 신자들은 《성경》을 바르게 배워 앎으로써 진리에 어긋나 있는 목회자들을 분별할 줄 알아야 한다.

에 제명 등 징계를 받았다. 교회가 밝힌 제명 사유는 당회 결정을 위반했다는 것이었다. 그 당회 결정은 다음과 같다.

"교회 중직자 중 성도들은 대외적인 기관이나 노회 및 총회에 교회와 관련된 송사를 제기하거나 인터넷 및 언론 기관에 유포할 시에는 필히 당회의 승인을 득하여야 하며, 이에 불복시는 출교키로 한다."

교회 재정 32억 원을 횡령한 혐의로 검찰에 불구속 기소된 목사와 두 집사에 대한 공판에서 재판장이 혀를 내두르며 말했다.
"목사라고 교인들이 낸 헌금을 마음대로 써도 되나요?"
판사의 관심은 목사 등 세 명이 수십억 원을 선교에 썼다는 증거를 제대로 제시할 수 있는가에 있었다. 그런데 변호인들은 증거를 제시하기보다 교회의 자금 집행 절차가 일반 사회와는 다른 특수성이 있다는 점을 강조하기만 했다. 변호인들은 집사 한 사람이 운영하는 선교단이 교회 소속 기관으로서 교회로부터 돈을 받아 선교 활동을 하고 있다는 사실을 증언하게 했다. 집사는 선교단이 일반 동호회가 아닌 선교단체로서 늘 기도하고 가정형편이 어려운 학생들에게는 장학금을 지급한다고 했다.
하지만 검사는 의문을 제기했다. 구체적으로 월 얼마를 받는지 검사가 묻자 집사는 계속 말끝을 흐리며 원천징수 서류만 참고하라고 했다. 하지만 원천징수 서류도 정당한 절차로 발행되었는지 의심스러운 점이 많았다. 또한 검사는 집사에게 남들은 자신의 시간과 돈을 바치며 선교하고 봉사하는데 왜 그 선교단은 교회에서 돈을 받으며 선교하느냐고 묻기도 했다.

사례 2 어느 원로목사의 경우는 은퇴를 전후해 5년 간 교회로부터 640억 원을 받았다는 주장이 제기됐다. 장로회는 목사에게 질의서를 보내 그러한 주장의 진위여부를 물었다.
한국에 그러한 원로목사가 있다면 미국에는 로버트 슐러Robert Schuller 목사가 있다. 두 교회가 워낙 대형이다 보니 교회 관련사업 역시 규모가 대단하다. 그 원로목사나 로버트 슐러 목사가 교회에서 차지하는 위치가 절대적이다 보니, 그들의 친인척이 교회와 연관된 사업체와 기관의 요직을 나눠 맡게 되었다. 친인척이 갖가지 명분으로 타 가는 돈이 서류상만으로도 어마어마한 액수에 달한다. 탈세·횡령 혐의로 구속됐던 그 원로목사의 장남은 몇 년 후에도 같은 혐의로 징역 3년(집행유예 5년, 벌금 50억 원)을 선고 받았다. 교회개혁실천연대는 그 원로목사의 부인이 교회 돈을 횡령했다며 검찰에 고발하기도 했다. 그 교회가 창립한 신문사 경영권을 두고 목사의 두 아들 간에 암투가 벌어진 사실이 언론을 통해 보도됐고, 교회와 원로목사 가족 간의 갈등으로 비화됐다. 당회는 원로목사 가족들이 교회 관련 사업에서 손을 뗄 것을 요구했고, 급기야 원로목사는 교회를 떠나 새로운 교회를 만들 수도 있다는 의사를 밝히기도 했다.
파산 위기에 몰려 소송 중이던 슐러 목사의 수정교회는 매각을 통한 부채 청산이라는 해결책을 제시했다. 이렇게 교회가 어려운 와중에도 슐러 목사 가족과 측근들이 교회 측에 200만 불을 요구해 빈축을 샀다.

공신력을 생명으로 하는 한 방송은 위에 언급한 두 목사의 재정 비리 문제를 집중 보도했다. 그 방송이 취재한 바에 의하면 교회와 관련 있는 신문사의 평생 구독권 제도가 IMF 시절 자금난 해소를 위해 기획됐다고 한다. 한 계좌당 100만 원이라는 적지 않은 금액이었지만, 목사의 축복 안수기도를 받으며 5만 명이 넘는 교인이 가입했다. 그렇게 조성된 342억 원 중 225억 원이 2년 만에 자취를 감췄다는 것이다. 평생 독자 기금이 유용된 시점에 신문 판매의 주식 지분 100퍼센트를 소유한 곳은 바로 그 교회였다. 그러나 당시의 시무 장로들은 기금이 사라진 경위에 대해 알지 못했다.

목사의 아내는 교회 헌금으로 건물을 지은 뒤 자신이 대학원장으로 있는 대학에 비싼 가격으로 매각했다. 방송은 그녀가 그 건물로 임대 사업을 운영하면서 학교 법인에 입금되어야 할 임대료 중 현금 280만 원을 매달 본인 몫으로 가져갔다는 증거를 확인했다. 또한 목사가 설립한 미국 대학교 소유인 부동산 구매에 3,000만 달러가 넘는 자금이 쓰인 사실도 밝혔다.

사례 3 어느 교회 근처에 있는 7층짜리 선교관 운영권을 목사가 갖고 있는데, 선교관은 영어, 중국어 학원으로 운영되고 있다. 당회나 공동의회에서 선교관의 용도 변경을 결의한 적이 없고 학원 수익도 전혀 교회로 들어오지 않는다.

또한 그 목사는 기도원을 만든다고 1,770평 땅을 8억 원에 매입한 적이 있다. 그런데 등기부 등본을 확인해 보면, 그 땅은 매매한 것이 아니라 목사의 조카로부터 교회가 증여받은 것으로 되어 있다. 장로들은 목사가 교회에서 가져간 8억 원의 용도에 대해 의혹을 품고 있다. 만약 매매 대금을 정상적으로 지불했다면, 조카의 세금 포탈을 도와주기 위한 방편으로 비영리법인인 교회를 이용한 것이 되고, 등기부의 기록대로 정말 조카가 증여한 것이라면 목사가 8억 원을 착복한 것이 된다. 당회는 이 문제를 제기한 장로 4명을 면직·제명·출교했다.

| 말콤 펜윅 : 그(1863~1935)는 1889년 28세 때 고국 캐나다를 떠나 선교사로 한국을 처음 방문했다. 하지만 그에게 선교비를 후원해 주는 교회는 없었다. 그래도 사명감으로 3년간 한국에서 사역하였지만, 자신의 부족을 느껴 1893년 미국으로 건너가 보스턴의 클래런던 침례교회 고든 Adoniram J. Gordon 목사에게 3년간 신학을 공부한 후 1897년 다시 한국으로 돌아왔다. 한국에서 46년간 사역한 그는 한국 토착선교 모델을 제시하고 한반도, 만주와 시베리아에 각 250명과 200여 명의 한인 사역자를 파송하기도 했다. 하지만 그의 선교 방향은 탈교단적인 색채를 띠고 있어서 교단 중심적인 한국 풍토 속에서 지금까지 제대로 평가받지 못했다.

부흥회의 변질과 목회자들의 돈 잔치

한국교회 최초의 부흥회는 1897년 한국 침례교의 창시자인 펜윅 Malcom C. Fenwick 선교사가 주도한 소래교회 사경회였다. 초기에는 심령을 회복하기 위한 순수한 목적을 가지고 모인 부흥회였다. 1960년대까지만 해도 부흥회에는 별도의 헌금 순서가 없었다. 그러나 차츰 변질할 대로 변질하여 이제는 부끄러운 '돈 잔치'로 전락하고 말았다.

■ 황해도 소래교회 :
소래교회는 서경조가 그의 형 서상륜과 함께 언더우드나 말콤 펜윅 선교사가 오기 전에 세운 역사 깊은 한국교회이다. 이 교회에서 1897년 말콤 펜윅이 2주 동안 주도한 소래교회 사경회는 한국교회 최초의 상경회로 알려진다. 당시 교회에는 약 300명이 모여서 하나님의 은혜를 체험하였고 회개의 역사가 일어났다고 한다. 펜윅은 이곳에서 〈요한복음전〉을 번역했다. 이렇게 사경회로 시작하여 발전한 부흥회가 한국교회에 긍정적인 성장을 기여하였지만, 언제부터인가 그 취지가 변질하기 시작했다.

헌금하면 복을 받는다는 기복신앙을 강조하여 각종 명목의 헌금을 많이 내도록 교묘하게 유도하는 부흥사가 일류 강사로 대접을 받고 있다. 그 부흥사는 담임목사가 교인들에게 차마 하기 어려운 이야기들을 대신 꺼내어 교회와 담임목사의 재정 문제를 해결해 주기도 한다. 부흥사와 담임목사가 부흥회 기간의 헌금을 몇 대 몇으로 나눠 가진다고 하는 소문이 나돌 정도이다.

한 교회에서 25년간 시무하다 은퇴한 어느 목사는 '전별금'으로 18억여 원을 받았다. 교인들은 제직회가 끝난 지 3주 후에야 전별금 액수를 알고 놀랐다고 한다.

불미스러운 일로 사임하는 목사에게도 20억 원의 전별금을 주기로 당회에서 결정했다가 교인들의 반발로 '전별금 지급 금지 가처분 소송'에 휘말린 교회도 있다. 전별금은 말 그대로 작별시 보내는 쪽에서 떠나는 사람을 위로하는 차원에서 건네는 돈이다.

하지만 이러한 전별금과 관련해 교회에서 정해진 기준은 없다. 앞의 두 교회뿐만 아니라 대부분의 대형 교회에서 관행화된 거액의 전별금은 일반인들의 상상을 뛰어넘는다.

어느 목사는 전별금, 즉 은퇴 예우금과 관련하여 장로들에게 공증을 요구한 일도 있다. 공증은 일상에서 발생할 수 있는 분쟁을 사전에 예방하는 방법의 하나로 그것 자체가 나쁘다고는 할 수 없다. 하지만 목사가 장로들을 믿지 못하고 그것도 과도한 은퇴 예우금에 내해 공증을 요구했다는 것은 부끄러운 일이다. 목사는 나중에 당회가 과도한 은퇴 예우금에 대해 다시 결의하여 지급이 중단되는 일이 없도록 공증을 요청한 것이다. 공증을 위해 인감 등을 제출한 장로 중에서 실제 공증문서를 본 사람은 없다고 한다.

각 교단의 총회장 선거가 금권선거로 타락해버린 것은 어제오늘의 일이 아니다. 그러한 폐해를 막기 위해 제비를 뽑는 추첨제를 도입한 교단들도 있으나 최종 추첨 후보자를 둘러싸고 후보자 매수 등 또 이전투구가 벌어지고 있는 실정이다.

그뿐만 아니라 교단들의 연합 모임인 한기총 총회장 선거에서 금권선거를 둘러싼 폭로전이 벌어지기도 하여 한기총 해체 운동까지 벌어지고 있다.

또한 목사직 매매가 한국교회에서 일어나고 있다는 사실이 폭로되었다. 매매 방법은 크게 세 가지 유형이 있다.

첫째는 교회 건물 매매 광고를 하고 교인을 끼워 파는 방식이다.

둘째는 퇴임 목사의 은퇴 비용을 새로 오는 목사에게 요구하는 방법이다.

셋째는 일부 교단에서 자격이 없는 사람에게 돈을 받고 목사 안수를 해주는 방법이다.

이상에서 사회적으로 문제가 된 사례들만 보아도 한국교회가 심각한 상태에 있음을 알 수 있다. 그 외에도 이와 비슷한 사례들이 여기저기 썩은 냄새를 풍기며 은폐되어 있을 것이다. 여기서는 금전적인 문제만 다루었지만, 다른 성격의 문제들까지 언급한다면 지면이 모자랄 지경이다.

물론 개중에는 교회 규모와 상관없이 하나님 앞에 바로 서려고 노력하는 교회들도 있을 것이다. 하지만 한국과 세계에서 본이 되어야 할 교회들이 사회적인 지탄의 대상이 되고 있으니 크게 우려하지 않을 수 없다. 이러한 교회들을 향하여 예수 그리스도는 〈요한계시록〉의 교회들에게 주신 메시지를 지금도 주시고 계신다.

"그러나 너를 책망할 것이 있나니 너의 처음 사랑을 버렸느니라 그러므로 어디서 떨어졌는지를 생각하고 회개하여 처음 행위를 가지라" 요한계시록 2:4~5

"내가 네 행위를 아노니 네가 살았다 하는 이름은 가졌으나 죽은 자로다 너는 일깨어 그 남은 바 죽게 된 것을 굳건하게 하라 내 하나님 앞에 네 행위의 온전한 것을 찾지 못하였노니 그러므로 네가 어떻게 받았으며 어떻게 들었는지 생각하고 지켜 회개하라" 요한계시록 3:1~3

TIP

'한국교회 재정운용 실태조사'

2006년 8월 10일, '건강한교회재정확립네트워크'는 서울 남산의 청어람에서 '한국교회 재정운용 실태조사'를 발표했다.

교회수입을 분석한 결과 십일조 헌금(56.58퍼센트)이 가장 큰 비율을 차지했으며 이어 일반헌금(9.54퍼센트), 감사 헌금(9.34퍼센트), 자산·부채의 변동(8.41퍼센트) 순으로 나타났다. 반면 지출에서는 사무관리 행정비(22.28퍼센트)와 사례비(16.91퍼센트)가 가장 큰 비율을 차지했으며, 그 뒤로 부채상환금(11.42퍼센트), 선교비(10.67퍼센트), 자산취득·적립(10.23퍼센트) 순이었다. 이상의 내용으로 볼 때 한국교회는 규모와 십일조 헌금이 교회 수입금액에 가장 큰 비율을 차지하고 있으며, 사무관리비와 사례비 지출이 많은 것으로 조사됐다.

이 분석은 연간 수입액 별로 그룹을 나눠서 조사하였다. 그 결과 미자립 교회나 규모가 작은 교회는 목회자 사례비가 지출비용 대부분을 차지했으나, 수입규모가 증가할수록 비중이 낮아졌다. 또 교육비 지출에서는 중간 규모의 교회에서 교회학교 및 교인들 교육에 투입하는 교육비 비중(5.8~9.04퍼센트)이 소형(2.9퍼센트) 또는 대형교회(5.41퍼센트)의 비중보다 높은 것으로 나타났다.

이 조사는 '한국교회가 깨끗한 재정원칙을 갖고 예산을 편성하여 합리적인 절차에 따라 진행하고, 엄정하게 확인할 수 있는 시스템을 만들자'는 취지에서 건강한교회재정확립네트워크에 의해 시행되었다. 2005년 12월부터 2006년 4월까지 다수의 교회에 결산서 공개를 요청하였으며, 이에 응한 46개의 교회로부터 결산서를 받고, 23명의 재정담당자가 작성한 설문지를 받는 형식으로 진행됐다.

'는 기독교윤리실천운동과 교회개혁실천연대, 바른교회아카데미가 참여하고 있으며, 이번 결과를 바탕으로 '재정규칙 제정작업'과 '재정담당자 교육사업 및 회계관리 프로그램 보급 운동'을 펼칠 계획인 것으로 알려졌다.

"주라 그리하면 너희에게 줄 것이니
곧 후히 되어 누르고 흔들어 넘치도록 하여 너희에게 안겨 주리라"

| 누가복음 6:38 |

Chapter 9

십일조가 아니라 십자가를!

특히 한국교회에서 '십일조'라는 말은 오염될 대로 오염되어 새로운 용어로 대체해야 할 필요성을 느낄 정도이다. '헌금'이라는 용어도 마찬가지이다. 어떤 교단은 여기에 대해 문제의식을 가지고 '헌금' 대신에 다른 용어를 찾느라 고심하기도 했다. 예배 때 주보에 헌금 순서를 '봉헌'으로 표기하는 교회들도 늘어나고 있다. 하지만 '봉헌'은 물질을 드리는 것뿐 아니라 몸과 마음을 드린다는 의미도 있어 헌금이라는 말을 대신하기에는 그 뜻이 애매하고 넓다고 할 수 있다.

'십일조'와 '헌금'을 대체하면서 그 정신을 살릴 수 있는 용어로 이미 《성경》에서 사용하고 있는 '연보'라는 말이 적합하다.

연보란 무엇인가

《개역한글성경》 전체를 통틀어 '헌금'이라는 단어는 단 두 번밖에 나오지 않는다. 그것도 구약성경에서는 한 번도 나오지 않고 신약성경에서는 〈누가복음〉 21장 1절과 4절에서만 나오고 있다. 한국 교회에서 귀가 따갑도록 듣는 '헌금'이라는 단어가 《성경》에 두 번밖에 나오지 않고 있는 것이다.

구약성경에서는 왜 헌금이라는 말이 한 번도 나오지 않고 있을까? 지금까지 살펴본 대로 하나님은 돈으로 드리는 헌물에는 그렇게 관심을 두지 않으신 것을 알 수 있다. 십일조도 그렇고 다른 예물도 돈으로가 아니라 물품으로 드리는 것을 원칙으로 했다.

가령, 죄를 속하는 희생제물을 돈으로 대신해서 드릴 수 있다고 한다면 제사 자체가 성립되지 않을 것이다. 하나님께서 희생제물을 돈으로가 아니라 소와 양으로 드리도록 한 데는 '죄는 피로써만 씻을 수 있다'는 구속의 원리를 가르치기 위함이었다. 그것 외에 다른 뜻도 있을 것이다.

십일조도 돈으로 내지 않고 토지소산의 물품으로 내도록 한 데는 우리가 지금까지 생각해 본 이유 이외에 더 깊은 뜻이 담겨 있을 것이다. 그러나 이스라엘 백성이 돈으로 헌금을 전혀 하지 않은 것은 아니다.

"저희가 대제사장 힐기야에게 나아가 전에 하나님의 전에 **연보한 돈**을 저에게 붙이니 이 돈은 문을 지키는 레위 사람이 므낫세와 에브라임과 남아 있는 이스라엘 사람과 온 유다와 베나민과 예루살렘 거민들에게서 거둔 것이라" 역대하 34:9, 개역한글

■ 비잔티움시대의 화폐
: 동전의 그림에는 아브라함이 하나님의 말씀에 순종하여 100세에 낳은 아들 이삭을 하나님께 번제로 드리기 위해 칼을 들고 있는 모습이 새겨져 있다. 왼쪽에는 천사가 아브라함을 말리는 모습이 새겨져 있고, 오른쪽 아랫부분에는 이삭에 새겨져 있다.

헌금이라는 단어 대신에 연보라고 되어 있다. 대제사장은 그 돈을 여호와의 전 역사를 감독하는 자에게 주고, 그 사람은 그 돈을 여호와의 전에 있는 공장工匠에게 주어 성전을 대대적으로 수리하게 했다. 이 돈은 십일조와 전혀 관계가 없는 그야말로 헌금에 해당하는데, 어떤 목회자들은 이 구절을 들어 십일조가 성전 수리비로도 쓰였다고 잘못 가르치고 있다. 십일조는 양식이기 때문에 성전 수리비 같은 것으로 쓰일 수가 없다.

사실 성전의 주 수입원은 역사적으로 볼 때 십일조가 아니라 성전세였다. 십일조는 창고에 얼마간 쌓아두었다가 레위인들과 제사장들의 양식으로 나눠주고 나면 없어지게 마련이었다. 그러나 성전세는 20세 이상 된 모든 이스라엘의 남자로부터 은전銀錢 반 세겔을 받았기 때문에 그 돈이 전국에서 모아지면 엄청난 액수가 되었다. 그 돈으로 성전 건물이 관리되고 유지되었다. 이는 다른 헌금보다 십일조가 한국교회의 주 수입원이 되고 있는 사실과 비교되는 대목이다.

"무리가 여호와의 전에 **연보한 돈**을 꺼낼 때에 제사장 힐기야가 모세의 전한 여호와의 율법책을 발견하고"역대하 34:14, 개역한글

힐기야 제사장이 연보궤를 기울여 그 안에 있는 돈들을 쏟을 때에 율법책도 함께 발견되었다. 그리고 그 사실을 요시야 왕에게 보고하자 왕이 율법책을 읽고 회개했다.

이렇게 헌금과 관련된 구절이 구약성경에서는 〈역대하〉 34장에서 두 번 나올 뿐이다. 그동안 헌금이 계속 들어와 성전 금고에 쌓였지만, 그것에 대해서는 《성경》에서 거의 언급하지 않은 이유는 무엇일까? 이스라엘에서 헌금하는 것은 세금을 내는 것과도 같아 너무도 당연한 일이었고, 그리 강조할 필요조차 없었을 것이다. 그래서 《성경》은 헌금 같은 것에는 별로 관심을 두지 않았던 것 같다.

앞에서 보듯이 〈역대하〉 34장에 헌금이라는 말 대신에 '연보' 라는 단어가 쓰이고 있다. 그리고 신약성경에 와서는 연보라는 단어가 열한 번 나오고 있다. 결과적으로 《성경》 전체에서 연보라는 말이 열세 번 나오는 셈이다.

물론 이것은 우리나라 성경번역자들이 그렇게 번역을 해놓았기 때문에 이러한 현상이 일어난 것이다. 그래서 최근에 나온 《개역개정성경》에서는 연보궤를 헌금함이라고 바꾸어놓긴 하였지만, 연보라는 말을 헌금으로 바꾸어놓지는 않았다.

여기서 먼저 '연보捐補'라는 말에 대해 살펴보고자 한다.

연보의 '연捐'은 원래는 '버린다'의 뜻으로 쓰인 말인데 '주다, 바치다, 내놓다, 기부하다' 하는 뜻으로 발전했다. 하긴 가지고 있는 것을 버려야 줄 수도 있고 바칠 수도 있는 법이다. 연보의 '보補'는 원래는 '깁다'는 뜻을 지닌 말인데 '고치다, 보태다, 돕다' 하는 뜻으로 발전했다. 연보를 원래의 단어 뜻대로 해석하면 자기 것을 버려서 해어지고 떨어진 곳을 기워준다는 뜻이 된다. 돈과 관련하여서는 돈을 기부하여 돕는다는 뜻이 된다. 이러한 좋은 뜻이 있는 말이기 때문에 성경번역자들이 이 단어를 자주 사용했을 것이다. 그런데 연보라고 번역해 놓은 헬라어 원어들은 각 경우에 따라 다른 단어가 쓰이고 있다.

'로기아 λογια'로 쓰인 경우

"성도를 위하는 **연보**에 관하여는 내가 갈라디아 교회들에게 명한 것 같이 너희도 그렇게 하라" 고린도전서 16:1

"매주 첫날에 너희 각 사람이 수입에 따라 모아 두어서 내가 갈 때에 **연보**를 하지 않게 하라" 고린도전서 16:2

위 두 구절에서 연보로 번역된 헬라어는 로기아이다. '로기아'

● **고린도** : 겐그레아 Cenchrea 항구와 로마의 레기온Rhegium 항구를 연결하고 지중해의 동서를 연결하는 그리스의 항구 도시로 동서문화와 종교가 혼잡되어 있던 상업도시다. BC 8세기경 강력한 경제력과 군사력을 지닌 도시였지만, BC 146년경에 로마의 뭄미우스Mummius 장군에 의해 파괴된 후, BC 46년경 율리우스Julius 카이사르에 의해 재건되어 로마인들이 이주하여 살았다. 그 후 아우구스투스 황제에 의해 아가야Achaia 지방의 수도가 되었으며(BC 27년경), 상업·무역·정치의 중심지로 번창했다. 도시 중앙에는 아폴로 신전이 있었고, 북쪽에는 치료의 신 아스클레피우스 신전, 사랑의 여신 아프로디테 신전이 있었다. 아프로디테 신전에는 1,000여 명의 매춘부들이 있어 도시를 도덕적으로 타락시키는 역할을 하였다. 이러한 영향으로 고린도 교회 신자 중에는 의붓어머니와 동거하는 사람이 있었고(고린도전서 5:1~13), 창녀와 관계를 맺는 신자들이 있었 다 (고린도전서 6:12~20), 그러나 고린도 교회의 가장 큰 문

는 영어로 '컬렉션collection', 즉 '모금'이라는 뜻이다. 사실 〈고린도전서〉와 〈고린도후서〉의 연보는 성전이나 교회에 바치는 헌금이라기보다 흉년을 당해 어려움에 처한 예루살렘 신자들을 돕기 위한 모금이라 할 수 있다. 교회 공동체가 바울의 권면을 따라 힘을 다하여 모금을 한 것이다.

이 〈고린도전서〉 16장 2절에 근거하여, 현재 거의 모든 교회가 매 주일 첫날(주일날) 헌금 시간을 가지고 헌금을 하고 있다. 켄달 목사 같은 십일조주의자는 "수입에 따라"라는 말이 바로 십일조를 뜻하는 것이라고 주장한다. 매 주일 첫날에 "수입에 따라" 십일조를 교회에 바쳐 연보를 준비했다는 것인데, 그것은 앞에서 살펴본 대로 십일조주의자들의 습관을 말씀에 투사投射해 넣은 억지 해석에 불과하다.

《공동번역성경》은 이 부분을 "자기 형편을 따라 얼마씩을 미리 저축해두십시오"라고 풀어서 번역해 놓음으로 십일조가 끼어들 여지를 미리 차단하고 있다.

그런데 《개역개정성경》이든 《공동번역성경》이든 중요한 구절을 빼놓고 번역을 하고 있다. 그것은 '파르 헤아우토παρ έαυτω'라는 문구이다. 이것을 직역하면 '자기 곁에'라는 뜻이 된다. 《킹제임스영어성경》에서는 'by him'이라고 번역하고 있다. 영어로는 '자기 스스로, 혼자서'라는 뜻이 된다.

그렇다면 각각 자기 곁에 저축을 해두라는 말은 무슨 뜻일

까? 이것은 공적인 헌금을 뜻하는 것이 아니라 사적인 준비를 뜻하는 것이 분명하다.

"비록 매 주일 공적인 헌금이 없었다고 하더라노 삭 사람은 자기가 번 것 중에서 얼마를 주를 위해 **사적으로** 저축을 해두었다." A. R. Fausset, 《A Commentary》, 3volume, Erdmans, p. 334.

매 주일 첫날 각 가정에서 가정헌금 형식으로 연보를 모아두었다가 바울이 올 때에 그동안 모아진 것을 가지고 연보를 하라는 말이었다. 요즈음 같으면 바울 같은 지도자가 왔을 때 큰 부흥회를 개최하여 넘치게 헌금을 거두었을 텐데, 바울은 신자들에게 지나친 부담을 주지 않기 위하여 오히려 "내가 갈 때에 연보를 하지 않게 하라"고 했다.

여기서 '로기아', 즉 모금은 즉흥적으로 하는 것보다 각각 준비하는 과정이 필요하다는 것을 알 수 있다. 그러므로 각각, 혹은 각 가정에서 매 주일 첫날에 연보를 모아두었다가 한 달에 한 번 정도 연보일을 정하여 그동안 모아진 것을 가지고 연보를 하는 것도 바람직하다 할 것이다. 하지만 그렇게 사적으로 준비해두는 것이 오히려 번거로울 경우는 매 주일 교회 전체가 연보하는 것도 좋을 것이다.

제는 신자들 간의 분쟁과 파벌 의식이었다. 이러한 여러 가지 문제로 바울은 에베소에 돌아와 '번민과 비통한 마음을 안고 울면서' 편지를 썼는데 이것이 고린도 교회로 보낸 '눈물의 편지'이다. 이 중 〈고린도후서〉는 사도직의 본질과 역할을 잘 설명해 주고 있다. 바울 이후 교회 역사에서 고린도는 중요성을 잃어갔으며, 1458년경 사라센Saracen에 의해 점령되었고, 1858년경 대지진으로 폐허가 되었다.

'하플로테스 ἁπλοτης'로 쓰인 경우

"환난의 많은 시련 가운데서 그들의 넘치는 기쁨과 극심한 가난이 그들의 풍성한 **연보**를 넘치도록 하게 하였느니라" 고린도후서 8:2

"너희가 모든 일에 넉넉하여 너그럽게 **연보**를 함은 그들이 우리로 말미암아 하나님께 감사하게 하는 것이라" 고린도후서 9:11

"이 직무로 증거를 삼아 너희가 그리스도의 복음을 진실히 믿고 복종하는 것과 그들과 모든 사람을 섬기는 너희의 후한 **연보**로 말미암아 하나님께 영광을 돌리고" 고린도후서 9:13

위 세 구절에서 나오는 연보가 '하플로테스' 이다. 하플로테스는 영어로 '리버럴리티 liberality' 로 번역될 수 있는 말로 '관용, 관대' 라는 뜻을 지니고 있다. 그러므로 이 '연보'를 꾸미는 말들이 '풍성한', '너그럽게', '후한' 등으로 관용과 관대의 마음을 나타내는 문구로 되어 있는 것이다. 특히 '후한 연보' 인 경우, 헬라어 원문에는 '후한' 이라는 형용사가 없다. '하플로테스' 를 성경번역자가 '후한 연보' 라고 풀어서 번역해 놓은 것이다.

사실 너그러운 마음 없이 인색한 마음으로는 연보를 하기가 쉽지 않다. 이 너그러운 마음만 있으면 아무리 어려운 처지에 있다고 하더라도 이웃을 위해 물질을 내어놓을 수 있다.

'하드로테스 ἁδροτης'로 쓰인 경우

"이것을 조심함은 우리가 맡은 이 거액의 **연보**에 대하여 아무도 우리를 비방하지 못하게 하려 함이니" 고린도후서 8:20

여기서 연보는 '하드로테스'이다. 하드로테스는 '풍성, 성숙'이라는 뜻이다. 헬라어 원문에는 '거액의'라는 형용구가 없고, 하드로테스를 '거액의 연보'라고 풀어서 번역해 놓은 것이다.

각 지역에 흩어져 있는 초대교회 신자들이 예루살렘의 어려운 신자들을 위해 얼마나 풍성하게 연보를 하였던지 '거액의 연보'로 인하여 오해를 받지 않도록 바울이 극히 조심하고 있는 모습을 볼 수 있다.

여러 사람이 힘을 합하여 너그러운 마음(히플로테스)으로 모금(로기아)을 하면 거액의 연보(하드로테스)가 되어 큰일에 보람되게 쓰일 수 있는 법이다.

'유로기아 ευλογια'로 쓰인 경우

"그러므로 내가 이 형제들로 먼저 너희에게 가서 너희가 전에 약속한 **연**

보를 미리 준비하게 하도록 권면하는 것이 필요한 줄 생각하였노니 이렇게 준비하여야 참 **연보**답고 억지가 아니니라" 고린도후서 9:5

이 구절에 두 번 나오는 연보가 '유로기아'이다. 헬라어에서 '유 ev'라는 접두어는 '좋은'이라는 뜻을 가지고 있다. 기독교의 핵심 단어인 복음, 즉 좋은 소식도 '유 ev' 라는 접두어를 지니고 있다. '유 ev'에다가 소식이라는 '앙겔리온 $\alpha\gamma\gamma\epsilon\lambda\iota o\nu$' 이라는 말이 붙어 좋은 소식, 복음이라는 뜻이 된 것이다. '유로기아'는 좋은 모금이라는 뜻이 된다. 본문에서는 '참 연보'라고 번역해 놓았다.

바울은 믿음의 형제를 보내어 고린도 교회 신자들이 전에 약속한 연보를 준비하도록 권면하는 것이 필요하다고 생각했다. 그렇게 준비를 하여야 '유로기아', 즉 좋은 모금이 되기 때문이었다. 좋은 모금이란 하나님께서 보실 때 좋다고 인정하실 만한 모금이라는 뜻이다. 하나님은 모금의 액수나 모금하는 사람들의 면면을 보시지 않고 모금을 준비하는 그 마음 중심을 보신다. 아무리 거액의 연보가 모였다 하더라도 '유로기아'가 아니면 잘못된 방향으로 흐르기 십상이다.

이상에서 〈고린도전·후서〉에 나오는 연보라는 단어들의 의미에 대해 살펴보았다. 그 다양한 의미들이 합해진 것이 연보의 뜻이라고 할 수 있다.

예수 그리스도의 십자가와 부활 이후에는 십일조라는 말이 더 이상 나오지 않는다는 사실은 이미 언급한 바 있다. 그리고 헌금이라는 말도 더 이상 나오지 않는다.

〈누가복음〉 21장 1~4절에 나오는 헌금이라는 단어는 헬라어로 '도론$\delta\omega\rho o\nu$'이라고 하는데, 그 말의 뜻은 원래 '선물, 예물'이라는 뜻이다. 하나님께 드리는 예물로서의 돈이기 때문에 헌금이라고 할 만하다. 그러나 예수 그리스도의 십자가와 부활 이후에는 '도론'을 드렸다는 말이 일체 나오지 않는다.

다만 제사와 예물이 폐지된 사실을 선포하는 〈히브리서〉에서 '도론'이라는 단어가 나오는데, 〈히브리서〉 9장 9절에서는 '도론'을 예물이라고 번역을 하고 있다. 〈히브리서〉 10장 5절과 8절 등에서는 헬라어 '프로스포라 $\pi\rho o\sigma\varphi o\rho\alpha$'를 예물이라고 번역해 놓았다. 헌금이라고 번역된 '도론'이 제사와 함께 폐지되었다고 〈히브리서〉는 증거하고 있다. 물론 〈히브리서〉의 '도론'이 헌금만 의미하는 것은 아니지만, 헌금을 포함한 모든 예물이라는 의미인 것만은 틀림없다.

여기서 우리는 십일조 예물만 폐지된 것이 아니라 헌금 예물도 폐지되었다는 놀라운 사실을 접하게 된다. 예수께서 우리의 죗값을 십자가에서 대신 치러주실 때 우리가 일생동안 바쳐야 할 십일조와 헌금까지도 다 바치심으로써 십일조 예물과 헌금 예물을 폐지하셨다. 그냥 폐지하신 것이 아니라 완성하심으로 폐지하셨다.

이 사실을 믿을 수 있는가? 이제 우리는 하나님께 돈을 일체 바칠 필요가 없다는 사실을 받아들이고 인정할 수 있는가?

구약성경은 물론, 신약성경에서는 더더구나 하나님께 돈(화폐)을 바친다는 관념은 거의 찾아볼 수가 없다. 예수께서도 하나님께 돈을 바치라고 말씀하신 적이 한 번도 없다. 예수의 줄기찬 메시지는 "네 소유를 팔아 가난한 자들에게 주라"는 것이었다. 그리고 "주라 그리하면 너희에게 줄 것이니 곧 후히 되어 누르고 흔들어 넘치도록 하여 너희에게 안겨 주리라" 누가복음 6:38 는 말씀이었다.

이 말씀이 문자 그대로 이루어진 사실을 알고 있는가? 바로 〈사도행전〉 2장에서 제자들이 성령을 받고 변화되어 자기의 모든 소유를 팔아 이웃과 나누는 공동생활로 들어간 것을 볼 수 있다.

"믿는 사람이 다 함께 있어 모든 물건을 서로 통용하고 또 재산과 소유를 팔아 **각 사람의 필요를 따라** 나눠주며" 사도행전 2:44~45

"믿는 무리가 한마음과 한 뜻이 되어 모든 물건을 서로 통용하고 자기 재물을 조금이라도 자기 것이라 하는 이가 하나도 없더라 사도들이 큰 권능으로 주 예수의 부활을 증언하니 무리가 큰 은혜를 받아 그 중에 가난한 사람이 없으니 이는 밭과 집 있는 자는 팔아 그 판 것의 값을 가져다가 사도들의 발 앞에 두매 그들이 **각 사람의 필요를 따라** 나누어 줌이라" 사도행전 4:32~35

신자들이 재산과 소유를 팔아 내어놓았지만, 그 어디에도 헌금이라는 개념은 찾아볼 수가 없다. "사도들의 발 앞에 두매" 할 때의 '두었다'는 말은 헬라어로 '티데미 $\tau\iota\theta\eta\mu\iota$'라고 하는데 이 말은 단순히 '놓다, 두다, 차려놓다, 저축하다' 하는 뜻으로 하나님께 돈을 드리는 헌금의 개념과는 거리가 멀다.

재산과 소유를 팔아 사도들의 발 앞에 둔 기부행위는 헌금이 아니라 앞에서 살펴본 연보라고 할 수 있다. 공동체 가운데 생활이 어려워 굶는 사람이 한 사람도 없게 하려고 너그러운 마음으로 풍성하게 내어놓아 좋은 모금, 즉 '유로기아'가 되게 한 것이다.

이제 예수 그리스도의 십자가와 부활 이후로는 하나님께서 우리에게 복으로 주시는 물질들을 이웃과 함께 나누는 일만이 남았다. 인색한 인간의 본성으로는 도저히 할 수 없는 바로 그 일을 감당하게 하려고 위로부터 성령을 부어주신 것이다. 성령으로 말미암아 하나님의 사랑이 우리 마음에 부어져야만 그 일이 가능한 법이다.

하나님께서는 돈이 필요하지 않으신 분이다. 우리가 돈을 들고 와서 바치기를 원하지 않으신다. 더군다나 돈을 바치면서 그 대가로 복을 기대하는 것을 정말로 싫어하신다. 그러한 하나님을 자꾸만 신자들에게 소개하는 자들은 기독교 무당들에 불과하고, 거룩한 하나님을 복채를 챙기는 우상신으로 전락시키는 발람의 후예들이다. 하나님께 돈을 바친다는 샤머니즘적인 관념부터 우리 머릿속에서 뽑아내야 한다.

▍하르먼스 판 레인 렘브란트Harmensz van Rijn Rembrandt의 〈천사 앞에서 말을 하고 있는 발람의 당나귀 The Ass of Balaam Talking before the Angel〉(1626, 패널에 유채, 65X47Cm, 파리 코냑 제이 박물관)

"임금이 대답하여 이르시되 내가 진실로 너희에게 이르노니 너희가 여기 내 형제 중에 **지극히 작은 자 하나에게 한 것이** 곧 내게 한 것이니라 하시고" 마태복음 25:40

"이에 임금이 대답하여 이르시되 내가 진실로 너희에게 이르노니 이 **지극히 작은 자 하나에게 하지 아니한 것이** 곧 내게 하지 아니한 것이니라 하시리니" 마태복음 25:45

하나님께서는 지극히 작은 자 하나에게 한 것을 하나님 자신에게 한 것으로 여기신다. 이 말씀이 하나님께 돈을 바친다는 샤머니즘적인 관념을 버리는 데 도움이 될 것이다.

요즈음 인터넷에서 기독 청년들이 한국교회는 이단인가 아닌가 하는 토론을 벌이고 있다. 물신物神을 하나님으로 섬기고 있는 한국교회는 매머니즘mammonism, 즉 배금주의 혹은 물신숭배주의에 빠져 있으므로 정통 기독교가 아니라 이단이라는 것이다. 어쩌다가 한국교회가, 기독 청년들이 이러한 토론을 벌이는 지경까지 되었는가.

헌금 예물이 폐지되었으면 십일조 예물이 폐지되는 것은 당연하다. 이제 헌금과 십일조는 '연보'라는 개념으로 변역變易 내지는 개혁되어야 마땅하다. 아니, 이미 〈사도행전〉 2장에서 개혁되었다.

● **발람** : '백성을 파멸시키는 자'라는 이름을 가진 발람은 유프라테스 강변에 있는 부돌 지방의 브올의 아들이요 술사였다. 그는 이 밖으로 하나님에 대한 경외심과 두려워하는 마음이 있었지만, 발락이 제공한 물질에 눈이 어두워 이스라엘을 범죄에 빠지게 하였다. 이러한 그를 성서기자들은 한결같이 표면과 이면이 다르고 말과 행동이 다른 거짓 선지자로 낙인을 찍고 있다(요한계시록 2:14, 베드로후서 2:15~16, 유다서 1:11).

● **오리게네스** : 그 (?185~?254)는 이집트 알렉산드리아 출신으로 플라톤 철학과 기독교를 종합하여 후세의 기독교 신비주의에 영향을 준 그리스 신학자다. "인간이 몸과 마음, 영혼으로 이루어졌듯이《성경》에도 이 세 가지에 대응하여 자의적字義的 · 도덕적 · 영적 의미가 있다"고 한 것은 많은 신학자의《성경》해석에 큰 영향을 끼쳤다. "그리스도의 신성은 아버지이신 신 아래에 위치한다"는 주장을 비롯한 몇 가지는 교회의 전통적 해석에서 벗어나 공의회의 배척을 받았지만, 그리스도교 최초의 체계적 사색가로서 신학사상 발전에 크게 기여하였다. 특히 금욕주의에 따라 스스로 고환을 자르기도 했다. 그는 데키우스 Decius(249~251년 재위) 황제의 기독교 박해를 겪은 후 254년경 티루스에서 순교한 것으로 알려져 있다.

"이 장막은 현재까지의 비유니 이에 따라 드리는 **예물** δωρον (도론)**과 제사**는 섬기는 자를 그 양심상 온전하게 할 수 없나니 이런 것은 먹고 마시는 것과 여러 가지 씻는 것과 함께 육체의 예법일 뿐이며 **개혁할 때까지** 맡겨 둔 것이니라" 히브리서 9:9~10

헌금 예물이 폐지되었다는 사실은 한국교회로서는 너무도 충격적이고 오해를 불러일으킬 만한 사안이기 때문에 나중에 좀 더 논의하기로 하고, 다시 십일조 문제로 돌아와 보자.

지금까지 한국교회에서, 십일조시대가 지났을 뿐 아니라 기독교인은 원래부터 십일조와는 아무 상관이 없다는 주장을 한다면 중세시대에 그랬던 것처럼 출교를 당하기 십상이었다. 그래서 많은 신학자도《성경》연구를 통해 십일조시대가 지났음을 확신하면서도 교단의 눈치를 보며 양심적으로 학설을 전개하지 못하고 있는 실정이다.

이레나이오스와 오리게네스˙, 에피파니우스˙ 같은 초대 교부들에 의해 십일조가 폐지된 것으로 결론이 난 지도 이미 1,800여 년이나 지났는데 지금까지도 한국교회는 그러한 논의조차 꺼리고 있다. 보수적인 기독교 백과사전을 들쳐보아도 십일조는 폐지되었다고 보는 것이 타당하다는 결론을 내리고 있는데 언제까지 한국교회는 신자들의 눈을 가리고 있을 것인가.

"화 있을진저 너희 율법교사여 너희가 지식의 열쇠를 가져가서 너희도 들어가지 않고 또 들어가고자 하는 자도 막았느니라 하시니라" 누가복음 11:52

목회자들은 지식의 열쇠를 가지고 헌금과 십일조에 관한 진리들을 풀어 허심탄회하게 신자들과 대화를 나누며 새로운 연보의 패러다임을 찾아야 할 것이다. 예수 그리스도의 영광스러운 복음을 소유하고 있는 한국교회가 헌금과 십일조라는 장애물 때문에 전도의 문이 닫혀 수많은 영혼을 잃게 된다면 하나님 앞에 어떻게 설 수 있을 것인가.

새로운 연보의 패러다임은 다른 것이 아니다. 사도 바울이 제시한 연보 원칙으로 돌아가는 것이다.

"이제는 하던 일을 성취할지니 마음에 원하던 것과 같이 완성하되 **있는 대로** 하라 할 마음만 있으면 **있는 대로** 받으실 터이요 없는 것은 받지 아니하시리라" 고린도후서 8:11~12

"그러므로 내가 이 형제들로 먼저 너희에게 가서 너희가 전에 약속한 연보를 미리 준비하게 하도록 권면하는 것이 필요한 줄 생각하였노니 이렇게 **준비하여야** 참 연보답고 억지가 아니니라" 고린도후서 9:5

- **에피파니우스** : 그 (315~403)는 초기 기독교의 교부이며 평생을 이단과 맞서 싸운 것으로 유명하다. 그는 유대인 가정에서 태어나 기독교로 개종한 후 이집트에서 수도원 제도를 연구하고 돌아와 고향 팔레스타인 엘레우테로폴리스 Eleutheropolis 근처에 수도원을 세우고 수도원장이 되었다. 그는 평생 그 직위에 있으면서 이단과 맞섰다. 주로 아리우스주의 Arianism에 대항했고, 오리게네스를 그리스도교보다는 그리스 철학자에 가깝다고 생각하여 심하게 비판했다. 403년 그는 콘스탄티노플의 주교 성 요한네스 크리소스토무스 Johannes Chrysostomus(일명 크리스소톰)를 반대하는 운동을 일으키기 위해 콘스탄티노플로 갔다가 돌아오는 길에 배 위에서 죽었다.

"각각 그 마음에 정한 대로 할 것이요 인색함으로나 억지로 하지 말지니 하나님은 즐겨 내는 자를 사랑하시느니라" 고린도후서 9:7

"이제 너희의 넉넉한 것으로 그들의 부족한 것을 보충함은 후에 그들의 넉넉한 것으로 너희의 부족한 것을 보충하여 **균등하게 하려 함이라** 기록된 것 같이 많이 거둔 자도 남지 아니하였고 적게 거둔 자도 모자라지 아니하였느니라" 고린도후서 8:14~15

위의 말씀들을 기초로 연보 원칙을 정리해보면 다음과 같다.

첫째, 있는 대로 하라.
둘째, 준비하는 자세를 가지라.
셋째, 마음에 정한 대로 하라.
넷째, 즐거운 뜻으로 하라.
다섯째, 균등하게 나누는 뜻으로 하라.

이 다섯 가지 원칙 이외에 다른 원칙이 있겠는가. 이것은 철저히 신자들의 자율적인 믿음을 존중하는 연보 원칙인 셈이다.
특히 '균등하게 나누는 뜻으로 하라'는 원칙은 깊이 새겨야 할 사항이다. 어떤 사람에게는 하나님께서 많은 물질을 맡기시고 어떤 사람에게는 적게 맡기신다. 하지만 하나님께서는 물질을 서로 균등하게 나누기를 원하신다. 그러므로 많은 물질을 맡은 자는 그 물질을 자기 것으로 여기지 말고 나누는 일에 기꺼이 내어놓아야 한다.

"네가 이 세대에서 부한 자들을 명하여 마음을 높이지 말고 정함이 없는 재물에 소망을 두지 말고 오직 우리에게 모든 것을 후히 주사 누리게 하시는 하나님께 두며 선을 행하고 선한 사업을 많이 하고 **나누어 주기를 좋아하며** 너그러운 자가 되게 하라 이것이 장래에 자기를 위하여 좋은 터를 쌓아 참된 생명을 취하는 것이니라" 디모데전서 6:17~19

이러한 점에서 볼 때 이웃을 돌아보는 일에는 별로 관심이 없으면서 잘못 이해한 〈말라기〉 3장 10절 같은 말씀들을 기초로 더 많은 물질을 얻기 위해 헌금을 하고 십일조를 하는 것은 이기적인 신앙의 차원에 머물러 있다고 할 수 있다. 십일조 간증들이 다 그런 것은 아니지만, 대부분 이러한 이기적인 동기에 기초하고 있는 것을 보게 된다. 하나님께서 물질적인 복을 주실 적에는 나누어야 하는 책임도 동시에 안겨주신다는 사실을 깨닫게 될 때 두렵고 떨리는 마음이 되어 자기중심적인 십일조 간증 같은 것은 사라지게 될 것이다.

이러한 바울의 연보 원칙은 요즈음의 십일조 원칙과 양립할 수 없다. 십일조 이외의 헌금을 할 때는 이 자율적인 원칙을 적용하고, 십일조를 할 때는 율법적인 원칙을 적용하는 것은 상호모순이며, 신자들을 계속해서 혼란스럽게 하는 요인이 된다.

바울의 원칙대로 하면 신자들이 방자해져서 제대로 연보를 하지 않을 것이므로, 십일조가 폐지되었건 어쨌건 반드시 십일조라는 명목의 헌금은 있어야 한다고 주장하는 사람이 있다면, 그 사람은 아직도 신자들을 "후견인과 청지기 아래" 갈라디아서 4:2 있는 어린아이들로 보고 있음이 틀림없다. 그러나 바울의 관점은 절대 그렇지 않다는 것을 명심해야 할 것이다.

연보를 드리는 교회들

근래 들어 십일조를 폐지하고 바울의 연보 원칙에 따라 헌금을 드리는 교회들이 차츰 늘어나고 있다. 기존 교단에 속해 있으면서도 십일조 폐지를 주장하는 교회들도 있지만, 대부분 평신도 사역 교회들이 여기에 참여하고 있다.

평신도 사역 교회라 함은 기존 교회 틀 안의 셀 그룹 활동이나 평신도 사역 활성화 같은 개념이 아니다. 평신도 사역 교회는 담임 목사 중심의 교회 틀에서 벗어나 평신도들이 중심이 되는 교회를 말한다. 일정한 자격을 갖춘 평신도들이 사도 바울처럼 사회에서 직장생활을 하면서 대가를 받지 않고 말씀을 전하고 교우들을 섬기는 교회이다. 다른 교우들은 현재 비록 말씀을 전하지 않는다 하더라도 몸된 교회의 지체로서 각자의 은사를 따라 자율적으로 봉사하는 교회이다.

담임목사의 사례비나 목회비, 생활비가 지출되시 않기 때문에 성전 중심의 십일조 개념이 애초에 자리 잡을 수 없다. 여러 모범적인 평신도 사역 교회들 가운데 인천 예은교회의 선언문에 나타난 연보 원칙을 소개하고자 한다.

"우리 예은교회는 십일조 원리가 자원하는 마음으로 기쁨으로 주님께 헌물하는 신약성경 교회적인 헌금의 원리가 아니라고 믿습니다. 이는 구약성경 교회적인 성격의 헌금인데, 알다시피 구약성경의 이스라엘은 신정통치 국가로 십일조는 국가적 세금의 성격이 강합니다. 그리고 성소를 위한 십일조, 제사장의 생활을 위한 십일조, 3년마다 빈민자을 위한 십일조로 생각하면 10퍼센트가 아니라 25퍼센트 정도가 된다고 합니다.

즉, 구약성경의 십일조 개념으로 하더라도 25퍼센트를 내어야 합니다. 이는 세금개념이지 마음으로 자원하는 심령의 헌금이 아닙니다. 혹시 궁금한 점이 있으면 존 맥아더의 《헌금의 원리》(생명의말씀사, 1985)를 참조하시면 많은 도움이 되리라고 생각합니다. 한 가지 특이한 것은 서로 약속과 규정을 정한 것도 아닌데 이렇게 형제사역을 하는 교회 모두는 십일조를 신약성경 교회적인 것으로 보지 않고 그 원리를 받아들이지 않고 있었습니다.

물론 헌금을 내는 지체가 주님 앞에서 생각할 때에 수입의 십분의 일을 내는 것이 타당하다고 생각할 수도 있습니다. 그럴 때는 그냥 무기명 봉투에 십일조라고 기입하지 않고서 생각한 액수의 헌금을 합니다. 그러면 그것은 구약적인 십일조가 되지를 않는 것입니다. 십일조를 전혀 강조하지를 않는데도 형제들이 주님의 몸된 예은교회를 위한 헌금은 참으로 헌신적이라는 느낌을 가지지 않은 적이 없습니다."

앞으로는 기존 교단에 속한 교회들도 십일조를 폐지하고 바울의 연보 원칙을 받아들여 신자들을 자유롭게 하고 전도의 걸림돌을 거둬내는 역사가 많이 일어나리라 믿고 기대한다.

현재 필자가 섬기는 교회 연보는 어떻게 드리고 있는지 간단히 소개하고자 한다.

① 헌금이라는 용어 대신 연보라는 용어를 사용하고 있습니다.
② 여러 헌금의 명목들이 '감사와 나눔의 연보'라는 하나의 이름으로 통일되어 있습니다. 하나님께 대한 감사와 이웃에 대한 나눔의 정신을 한 데 묶은 연보라는 뜻입니다. '감사와 나눔의 연보'라고 적힌 연보 봉투는 한 번 쓰고 버리는 것이 아니라 몇 년이고 반복해서 사용할 수 있도록 했습니다.
③ 구약성경의 십일조 개념을 내세우지 않습니다. 신자들은 신앙양심에

따라 어느 정도 연보를 드릴 것인지 각자 나름대로 기준을 정하면 됩니다. 그리고 자기 기준을 따라 남을 판단하지 않고 각자의 기준을 서로 존중하고 축복합니다.

어떤 분은 구약성경의 율법으로서의 십일조가 아니라 교회 전통으로서의 십일조를 드리고자 소득의 십분의 일을 연보 기준으로 정할 수 있습니다. 그러한 분도 십일조라는 이름으로 연보를 내는 것이 아니라 '감사와 나눔의 연보'라는 이름으로 내면 됩니다.

④ 모두 무기명으로 드립니다. 그래서 누가 어느 정도 연보를 했는지 아무도 모릅니다. 하나님 앞에서 연보를 낸 본인이나 가까운 가족들만이 알 것입니다. 사람 앞에서 신앙생활을 하는 것이 아니라 은밀한 곳에 계신 하나님 앞에서 살아가는 법을 연보를 드리는 가운데서도 배우고자 합니다.

⑤ 주일연보 이외에 한 달에 한 번 월정연보 주일을 정하여 연보를 드립니다. 주일연보는 기본적인 신자의 의무로 여기고 매 주일 적은 금액이라도 연보를 준비하여 예배에 참석하는 것이 마땅할 것입니다. 월정연보 주일은 대개 한 달의 첫째 주일이 됩니다. 십일조나 다른 명목의 헌금을 드리지 않는 대신 월정연보 주일에 좀 더 마음을 모아 드리고 있습니다.

많은 교회가 성전에 나올 때 빈손으로 나오지 말라는 구약성경의 말씀을 인용하여 새벽기도, 철야기도, 수요예배, 심지어 구역예배 때까지 헌금을 드리도록 하고 있는데, 신약성경의 정신은 몸을 거룩한 산제사로 드리는 것입니다. 몸을 거룩한 산제사로 드릴 때 몸이 지니고 있는 모든 물질도 함께 드려지는 것입니다. 그러므로 교회생활을 비롯한 모든 생활 속에서 몸과 물질이 거룩한 산제사로 드려져야 마땅합니다.

⑥ 예배순서에 특별히 헌금 시간이 없습니다. 예배처소로 들어올 때 입구에 비치된 '감사와 나눔의 연보' 봉투를 사용하여 연보함에 넣으면 됩니다.

⑦ 무건물, 자비량 목회를 원칙으로 하고 있으므로 연보 대부분은 선교와 이웃 나눔으로 쓰이게 됩니다.

초기 한국교회의 연보, 성미

한국교회의 성미는 새벽기도회와 같이 다른 나라에는 없는 우리의 토착적 신앙 전통이다. 성미에 대한 최초의 보고는 1905년 개성 지방 선교사 윌러드 크램 Willard G. Cram의 보고에 나온다.

"우리 구역 전도사들과 매서인賣書人(성경책을 판매하는 사람)들이 사업 보고를 하는 가운데 한 매서인이 보고하기를 어떤 부인들이 목회자 생활비로 3달러 50센트를 헌금했다고 하였습니다. 여인들의 힘으로 그만한 돈을 모았다는 것이 예외적인 일이기에 그 연유를 물었더니, 그 교회 부인들이 전에 귀신을 섬길 때 식구를 위해 밥을 지을 때마다 쌀을 식구수대로 한 줌씩 따로 떼어 두었다가 귀신에게 제사를 지낼 때 사용하곤 했는데, 이제 교인이 되었으니 그 같은 정성을 주님께 바치기로 하고 역시 끼니때마다 쌀을 떼어 두었다가 그것을 모아 구역 전도사 생활비로 보냈다고 했습니다."

복음이 들어오기 전, 우리 선조는 밥을 지을 때마다 가족의 건강과 복을 빌며 쌀 한 줌씩 따로 떼어 집안을 지켜준다는 '성주成主' 귀신에게 바쳤다. 그렇게 성별한 쌀을 모아두었다가 고사를 지낼 때 떡쌀로 썼다. 그러한 쌀을 보관하는 항아리를 성주단지, 혹은 신줏단지라 하여 소중하게 여겼다. 그런데 예수를 믿고 나서 귀신 섬기는 일이 죄라는 것을 깨달았다. 부인들은 항아리에 십자가를 그린 후 여전히 쌀을 떼며 가족의 건강을 주께 빌었다.

그렇게 모은 성미는 교회의 재정이 되었다. 주로 목회자의 생활비나 어려운 이웃의 구제비로 사용되었다. 개성에서 시작된 성미 제도는 선교사를 통해 다른 지역에도 소개되어 전국으로 확산되었고, 각 지역의 특성에 따라 더욱 발전하였다.

성미를 모으는 것은 당시 사회적 약자였던 경제력이 없는 여성들이 자발적으로 행하기 시작한 헌신의 표시였다. 그들의 성미로 한국교회는 일찍이 '자립교회'의 전통을 수립할 수 있었다.

| 에필로그 |

십일조에 대한 굳어진 사고방식을 바꾸라

그러면 지금까지 십일조라는 명목으로 헌금을 거두어 온 교회는 어떻게 해야 하며, 십일조라는 명목으로 이제껏 헌금을 내어 온 신자들은 어떻게 해야 하는가?

목회자들은 《성경》의 진리로 돌아가, 십일조시대가 2,000년 전에 골고다를 기점으로 이미 지났으며 그리스도인은 십일조와 아무 상관이 없음을 선포해야 한다. 우리 주 예수 그리스도께서 이제는 성전 제사를 드리지 않아도 되도록, 할례나 십일조의 멍에를 메지 않아도 되도록 십자가에서 피 흘려 돌아가셨음을 선포해야 한다.

예수 그리스도께서 우리 대신 속죄의 제사를 다 드리셨으며, 우리 대신 **예물까지도** 이미 다 바치신 사실을 선포해야 한다. 이 사실을 알 때 우리는 그 은혜에 감격하여 주의 사업과 어려운 이웃을 위해 더욱 기꺼이 연보를 하게 될 것이다.

새삼 초대교회 이레나이오스 교부의 권면이 생각난다.

"우리 그리스도인은 (율법으로부터) 해방을 얻은 자들로서 이제 주님을 위하여 (십일조가 아니라) 우리의 모든 소유를 구별하여 떼어놓습니다. 그리고 상당한 분량을 기쁜 마음으로 자유롭게 연보로 드립니다."

예수의 피로 사신 바 된 우리 그리스도인은 십일조와는 아무 상관이 없다는 소식은 십일조 노이로제에 걸린 이 땅의 수많은 신자를 자유롭게 하고 멍에를 꺾는 그야말로 '복음'이 될 것이다. 그러면 신자들은 수십 년 동안 무의식 속에 쌓였던 십일조에 대한 죄의식을 떨쳐버리고 생기에 넘쳐 헌신에 헌신을 더할 것이다.

십일조 생활을 하지 않으면 두려움의 영에 눌려 지낼 것이라고 한 켄달 목사 같은 십일조주의자들의 말이 얼마나 거짓말인지를 산 체험으로 알게 될 것이다. 그리고 이 선포는 예수를 믿고는 싶지만, 십일조에 대한 부담감 때문에 머뭇거리고 있는 불신자들에게 전도의 문을 활짝 열어놓는 소식이 될 것이다.

한국교회는 더욱 넘치는 영적·물질적 축복 속에서 활짝 열린 전도의 문을 통해 수많은 젊은이와 불신자가 회개하고 돌아오는 것을 보게 될 것이다.

"주의 권능의 날에 주의 백성이 거룩한 옷을 입고 즐거이 헌신하니 새벽이슬 같은 주의 청년들이 주께 나오는도다" 시편 110:3

하지만 목회자들은 수많은 이해관계가 얽혀 있기 때문에 굳어진 사고방식을 쉽게 바꿀 수는 없을 것이다.

십일조가 이미 폐지되었음을 확신하게 된 신자가 십일조를 고집하는 목회자가 담임하고 있는 교회에서 어떻게 처신해야 하는가? 그 교회에서 자신의 확신한 바를 다른 신자들과 나누어야 하는가? 그러면 그 교회의 영적 질서를 깨뜨리게 되어 덕이 되지 않을 수도 있다.

그 교회에 있는 동안에는 목회자의 방향을 따라야 하나, 정말 견딜 수 없을 때는 그 교회를 떠나 십일조가 폐지되었다는 확신을 가진 사람들과 새로운 공동체를 이루는 수밖에 없다.

참으로 많은 기도와 영적 투쟁이 기다리고 있는 험한 도정이다. 목회자들의 고집 때문에 수많은 신자가 진리 아닌 것으로 쓸데없이 계속 갈등하게 된다면 참으로 안타까운 일이다.

그런데 다행히도 한국 개신교에서도 십일조시대가 이미 지났음을 선포하는 교회와 목회자들이 일어서고 있다. 왜 이러한 시점에 그러한 교회와 목회자들이 하나 둘 일어나고 있는 것일까. 그것은 하나님께서 바로 이사야 선지자에게 말씀하신 바와 같은 상태가 되었기 때문이다.

"여호와께서 말씀하시되 너희의 무수한 제물이 내게 무엇이 유익하뇨 나는 숫양의 번제와 살진 짐승의 기름에 배불렀고 나는 수송아지나 어린

양이나 숫염소의 피를 기뻐하지 아니하노라 너희가 내 앞에 보이러 오니 이것을 누가 너희에게 요구하였느냐 내 마당만 밟을 뿐이니라 헛된 제물을 다시 가져오지 말라 분향은 내가 가증히 여기는 바요 월삭과 안식일과 대회로 모이는 것도 그러하니 성회와 아울러 악을 행하는 것을 내가 견디지 못하겠노라 내 마음이 너희의 월삭과 정한 절기를 싫어하나니 그것이 내게 무거운 짐이라 내가 지기에 곤비하였느니라 너희가 손을 펼 때에 내가 내 눈을 너희에게서 가리고 너희가 많이 기도할지라도 내가 듣지 아니하리니 이는 너희의 손에 피가 가득함이라" 이사야 1:11~15

바울이 제시한 연보 원칙으로 돌아가 새로운 연보 패러다임을 창출하는 교회가 앞으로 더욱 많이 일어나야 할 것이다. 그리고 무엇보다 "주라 그리하면 너희에게 줄 것이니 곧 후히 되어 누르고 흔들어 넘치도록 하여 너희에게 안겨 주리라"는 〈누가복음〉 6장 38절의 말씀이 한국교회에서 널리 선포되어, 신자들이 실생활 속에서 이웃에게 주는 희생과 기쁨과 축복을 체험하는 가운데 성숙한 그리스도인들로 자라도록 해야 할 것이다. 이것이 바로 하나님이 기뻐하시는 거룩한 산제사이다.

"그러므로 형제들아 내가 하나님의 모든 자비하심으로 너희를 권하노니 **너희 몸을** 하나님이 기뻐하시는 거룩한 산 제물로 드리라 이는 너희가 드릴 영적 예배니라 너희는 **이 세대를 본받지 말고** 오직 마음을 새롭게 함으로 변화를 받아 하나님의 선하시고 기뻐하시고 온전하신 뜻이 무엇인지 분별하도록 하라" 로마서 12:1~2

십일조는 누구의 것인가

조성기 지음

발 행 일 초판 1쇄 2012년 2월 29일
           초판 5쇄 2015년 10월 20일
발 행 처 도서출판 평단
발 행 인 최석두

등록번호 제2015-000132호 / 등록일 1988년 7월 6일
주   소 경기도 고양시 통일로 140 삼송테크노밸리 A동 351호
전화번호 (02)325-8144(代) FAX (02)325-8143
이 메 일 pyongdan@hanmail.net
I S B N 978-89-7343-363-6 03230

ⓒ 조성기, 2012

＊잘못된 책은 바꾸어 드립니다.

이 도서의 국립중앙도서관 출판시도서목록(CIP)은 e-CIP 홈페이지
(http://www.nl.go.kr/ecip)에서 이용하실 수 있습니다.
(CIP제어번호: CIP2012000488)

＊ 저작권법에 의하여 이 책의 내용을 저작권자 및 출판사 허락 없이
   무단 전재 및 무단 복제, 인용을 금합니다.